세계를 뒤흔든
독립 선언서

MANIFESTO

WORDS
THAT
CHANGED
THE WORLD ••••• 세계를 뒤흔든 선언 ②

세계를 뒤흔든
독립 선언서

스테파니 슈워츠 드라이버 **지음** | 안효상 **옮김**

| 일러두기 |

1 이 책은 Stephanie Schwartz Driver, *The Declaration of Independence*(The Ivy Press, 2004)를 완역한 것이다.

2 모든 각주는 옮긴이의 주이다.

3 인명이나 지명, 그리고 작품명은 '외래어 표기법'(1986년 1월 문교부 고시)과 이에 근거한 『편수자료』(1987년 국어연구소 편)를 참조했으나, 주로 원어에 가깝게 표기하는 것을 원칙으로 삼았다.

4 단행본 · 전집 · 정기간행물 · 신문 · 잡지 · 팸플릿 등에는 겹낫쇠(『 』)를, 논문이나 논설 · 기고문 · 단편 · 미술 · 건축 · 영화 등의 작품 등에는 홑낫쇠(「 」)를 사용했다.

책머리에

이 나라의 첫번째 공식적인 행동은 다음과 같은 말로 정부 수립을 선언하는 것이었다. "우리는 다음의 것을 자명한 진리라고 생각한다. 모든 사람은 평등하게 태어났으며, 조물주로부터 양도할 수 없는 권리를 부여받았다. 그 권리 중에는 생명, 자유, 행복의 추구가 있다." 이러한 원칙에 대한 선언이 권리와 의무의 한계에 대해 기본법의 효력을 가지거나 사법적 판단의 기초를 이루는 것이 아닐지라도 …… 헌법의 조문을 독립 선언서의 정신으로 판단하는 것은 언제나 안전하다. 법원이 행해야 할 의무 가운데 이러한 권리의 평등을 보장하는 헌법 조항의 집행보다 더 중요한 것은 없다. 그것은 자유로운 정부의 기초이다.
—미국 대법원, 코팅 대 고다드 사건*, 183 U.S. 79(1901)

「아메리카 13개 연합 주의 만장일치 선언」(이하 독립 선언서)은 미국의 정신적 기초이다. 독립 선언서의 처음 몇 문장에서는 현대 민주주

---

* 1897년 3월 찰스 코팅이라는 매사추세츠 주 시민이 캔자스 시 가축 사육장 회사 및 캔자스 주 법무장관 등을 상대로 공공 가축 사육장 법을 무효화하는 소송을 제기했다. 법원은 원고의 소송을 기각했지만 그 대신 연방대법원에 상소하도록 했고, 연방대법원은 1901년 공공의 이익을 위해 가축 사육장 요금을 규제하는 캔자스 주의 법률을 위헌이라고 판결했다.

의 사회의 목표를 규정하고 있고, 다른 많은 나라들과 마찬가지로 미국도 여전히 이 목표를 열망하고 있다. 법적인 무게를 가지는 것은 아니지만 독립 선언서의 정신은 헌법보다도 더 기초가 된다. 자유주의적인 성향을 가지고 있건 보수주의적인 성향을 가지고 있건 간에 대법원 판사들은 모두 판결을 내릴 때 그 정신을 간직하고 있다고 공언한다. 이러한 것은 지난 두 세기 동안 지속되었다.

오늘날 독립 선언서는 미국의 세 개 자유헌장 가운데 하나로 긴주되어, 국립 문서고에 연방헌법, 권리장전*과 함께 자랑스럽게 전시되어 있다. 아이러니하게도 독립 선언서가 작성될 당시부터 그런 야망이 있었던 것은 아니다. 본래 그것은 일종의 언론 발표였으며 대륙회의가 독립에 찬성 투표를 했다는 것을 널리 알리고 미국의 대의(大義)에 지지를 얻기 위해 작성되었던 것이다.

독립 선언서가 막 독립한 식민지 전역 곳곳에서 처음으로 낭독되었을 때는 찬사를 받았지만 이후 50년 동안은 실질적으로 잊혀졌다. 우리가 독립 선언서를, 혹은 최소한 독립 선언서의 처음 몇 문단을 대단한 것으로 보게 된 것은 강력한 사상을 간결하면서도 우아하게 요약한 토머스 제퍼슨의 멋진 글솜씨 때문이다. 그의 훌륭한 산문 덕분에 거의 한 세기 후에 에이브러햄 링컨과 여타 사회 운동가들이 독립 선언서에서 약속한 바를 옹호하게 되었다.

---

* 1787년에 만들어진 연방헌법에는 인권에 관한 조항이 들어 있지 않았다. 그리하여 1789년 연방의회는 12개의 수정안을 제안했고 각 주에서는 10개가 비준되어 1791년 수정 조항이 확정되었다. 이러한 10개의 수정 조항을 권리장전이라 부르는데, 그 주요한 내용은 종교, 연설, 출판의 자유, 임의로 체포당하지 않을 권리, 배심 재판을 받을 수 있는 권리 등이다.

독립 선언서에 서명하는 모습을 담은 이 그림은 건국의 아버지들을 찬양하고 있다. 이 그림은 1856년 경에 만들어졌는데, 이때 에이브러햄 링컨은 선거 연설에서 독립 선언서에 대한 기억을 불러일으켰다.

독립 선언서 및 그 서명 장소인 독립 기념관은 미국이 독립국가가 되는 것이 쉽지 않았음을 보여준다.

독립 선언서에 대한 대중적인 관심이 퍼질 수 있었던 것은 앞 부분의 몇 문단 때문이다. 물론 이 때문에 일부분으로 전체를 판단하게 되기도 한다. 하지만 문서 전체가 명문(名文)이며, 강력한 수사학적 효과를 거둘 수 있도록 아름답게 구성되어 있다. 또한 그것은 어떤 정부가 더 이상 인민의 의지를 대변하지 않을 때 그 정부를 전복하는 것이 정당한 권리라고 주장하는 급진적인 텍스트이다.

독립 선언서의 유명한 내용과 마찬가지로 그것이 완성되는 과정에 대한 이야기는 하나의 국민국가가 탄생할 당시의 혼란과 흥분을 그대로 보여준다. 그리고 혁명기 이후 독립 선언서에 대한 해석과 재해석이 계속해서 이루어진 과정을 보면, 미국의 건국 이상을 실현하려는 지속적인 노력에서 이 문서가 핵심을 차지한다는 것을 알 수 있다.

Context and Creators

등장배경과 지은이

우리 앞에는 지구 상에서 가장 고귀하고 순수한 헌법을 형성할 수 있는 온갖 기회와 온갖 자극이 놓여 있다. 우리는 다시금 세계를 창조할 수 있는 우리의 힘 속에 그것을 가지고 있다. …… 신세계의 탄생일이 다가왔으며, 아마 전유럽에 있는 것과 같은 수의 인간 집단이 몇 개월간의 사건을 통해 자유의 몫을 받게 될 것이다.
—토머스 페인, 『상식』(1776)

1763년에 프랑스-인디언 전쟁(7년전쟁)*이 끝났을 때 대영제국은 변화하였다. 전쟁을 종결시킨 파리강화조약은 영국의 해외 영토를 극적으로 증가시켰다. 영국은 캐나다를 프랑스에서 획득함으로써 북아메리카의 대부분을 차지했을 뿐만 아니라 동부의 인디언마저도 지배하게 되었다. 아메리카의 13개 식민지는 더 이상 영국 해외 영토의 기함이 아니라 영국 식민지 영토의 작은 부분일 뿐이었다.

프랑스-인디언 전쟁의 승리로 아메리카 식민지인(이하 아메리카인)들은 자신감과 독립심을 얻게 되었다. 프랑스인과 아메리카 원주민이 식민지 서쪽 경계에서 가하던 위협이 진정되었으므로 아메리카인들은 영국의 군사 지원을 덜 받아도 된다고 생각했다. 반면 영국 의회는 새롭게 형성된 광대한 제국을 조직적으로 다스려야 한다는 긴급한 과제

---

* 17세기 말에서 18세기 중반까지 유럽의 양대 강국인 프랑스와 영국은 세계 곳곳에서 주도권을 놓고 전쟁을 벌였다. 프랑스-인디언 전쟁(French and Indian War)은 이들이 9년 동안 벌인 전쟁(1754~63) 가운데 북아메리카 대륙에서 벌어진 전쟁을 가리킨다. 또한 이 전쟁은 같은 시기 유럽에서 벌어진 7년전쟁(1756~1763)의 일환이었다. 이 전쟁에서 승리한 영국은 파리강화조약(1763년 2월 10일)에 따라 북아메리카에 대한 통제권을 확고히 할 수 있었다.

1763년에 조인된 파리강화조약을 기념하는 축하 행사. 이로써 프랑스-인디언 전쟁이 종결되었다. 이 조약의 조건은 영국에게 매우 유리했으며, 특히 북아메리카에 대해서 그러했다.

에 직면했다. 그것도 적은 비용으로 큰 효과를 보는 방식으로 말이다.

이때까지 영국인들은 아메리카 식민지를 느슨하게 관리하고 있었다. 명목상 13개의 식민지 각각은 국왕이 임명하지만 식민지 의회로부터 봉급을 받는 식민지 총독에 의해 통치되었다(국왕이 지사직 보유자에게 봉급을 주는 조지아 주의 경우는 예외였다). 총독은 식민지 의회를 통과한 어떤 법안도 거부할 수 있는 권리와 의회의 해산을 요구할 수 있는 능력 등 광범위한 권력을 가지고 있긴 했지만, 이러한 권력을 행사하는 경우는 드물었다. 총독은 영국 정부의 요구에 따라 움직였지만, 영국 정부는 식민지가 영국의 무역과 상업에 얼마나 기여하는지를 빼놓고선 식민지에 별다른 관심을 두지 않았으며 어떤 조치를 지시하는 일도 거의 없었다. 그 결과 식민지는 실질적으로 자치를 누리고 있었다.

그러나 그 전쟁에서 영국은 많은 돈을 썼기 때문에 국가 부채가 1

벤저민 프랭클린은 조지 3세의 추밀원에 참석하여 아메리카 식민지가 더 나은 대우를 받도록 로비했다. 그는 1764년 부터 영국에 머물다 1775년이 되어서야 필라델피아로 돌아왔는데, 이때 그는 혁명이 불가피하다는 것을 깨달았다.

억 3천만 파운드에 이르게 되었고, 이미 20퍼센트에 달하는 세금을 내고 있던 영국인들은 추가적인 세금을 반대하고 있었다. 동시에 식민지 서쪽 경계를 방어하기 위해 상비군을 유지하는 것을 포함해서 현 상태의 아메리카 식민지를 관리하는 비용도 상당했다. 1764년에 이 비용은 35만 파운드로 최고치를 기록했다. 따라서 수입을 올릴 필요가 절박했고, 영국 의회로서는 식민지가 자신들을 위한 비용을 지불하는 것이 당연하다고 여기고 있었다.

하지만 의회는 자신들의 분명한 목표를 달성하기 위해 젊은 국왕과 씨름해야만 했다. 1760년 조지 3세가 영국 왕위에 올랐을 때 그의 나이는 불과 22세였다. 국왕이 되긴 했지만 그는 경험이 미숙하였고 이상(理想)에 사로잡혀 있는 인물이었다. 통치 초기에 그와 의회의 관계는 불편하였고 그리하여 처음 십 년 동안 수많은 수상이 빠르게 교체되면서 정부가 불안정해졌다. 1770년이 되어서야 그는 원만한 관계를 갖고

일할 수 있는 수상을 찾을 수 있었는데, 그가 프레데릭 노스 경이다.

이러한 영국의 불안정은 아메리카인들에게는 해로운 일이었다. 왜냐하면 아메리카인들이 지속적으로 회람장과 진정서를 국왕에게 보냈지만, 정작 세금을 걷고 식민지 정책을 세움으로써 돈주머니를 쥐고 있는 것은 의회였기 때문이다. 이 사실을 알게 된 벤저민 프랭클린은 1764년부터 런던에 머물면서 의회 정책이 아메리카 식민지에 유리하게 되도록 의원들과 영향력 있는 인사들에게 끊임없이 로비를 했다.

과도한 세금에 분노한 아메리카인들은 다양한 수입거부 운동과 영국 상품 불매 운동을 벌였으며, 영국 생산물을 거래하고 있는 상인들과 사업하는 것을 거부하기도 했다.

설탕법

식민지에서의 수입을 증대시키려는 의회의 첫번째 시도는 보통 설탕법이라고 알려진 1764년의 수입법이었다. 이 법의 본문에 따르면 증대된 수입은 식민지를 관리하는 비용으로 들어갈 것이었다. 하지만 이 법은 외국 당밀에 대한 관세를 50퍼센트 줄이지만 식민지로 수입되는 유럽 사치품, 즉 아마포, 비단, 포도주 등에는 새로이 관세를 부과했다. 이외에도 영국을 유일한 시장으로 하는 모피와 피혁 등 몇몇 생산물의 수출을 제한했다.

아메리카인들은 이 법이 경제에 미칠 영향을 두려워하였고, 관세가 오른 것에 분개하였다. 이에 13개 식민지 가운데 8개 식민지는 설탕법에 반대하는 청원을 국왕에게 정중히 써보냈다. 또한 각지에서 새로

이 풍자 만화에서 영국 수상 조지 그렌빌은 1765년의 인지세법을 무덤으로 가져가고 있다. 이 무덤에는 인기 없는 법들이 이미 묻혀 있다. 폭도들로 인해 영국 대행업자들이 이 법을 집행하는 것이 불가능해졌기 때문에 일 년 후 이 법은 철회되었다.

이 높은 세율의 관세를 부담하게 된 수입물품에 대해 보이콧을 하는 등 지역 차원의 저항이 일어났다. 이것은 수입거부 운동의 출발이었다. 초기에는 수입거부 운동이 영국 경제에 미친 영향이 적었지만 나중에는 식민지의 독자적인 권력과 독립을 주장하는 것으로 이어져, 결과적으로 수입거부 운동이 한 역할은 매우 컸다.

인지세법

관세가 오른 것에 아메리카인들이 불만을 제기하였지만 영국 의회는 아메리카에서의 수입을 늘리기 위한 시도를 계속했다. 1765년 소지 그렌빌* 내각은 자신들의 마지막 입법 가운데 하나로 인지세법을 통과시켰다. 식민지에 부과된 최초의 직접세였던 수입인지는 국왕이 임명한 대행업자들에게서 구매해야 했으며, 신문과 팸플릿에서 면허장과 법적 문서까지 모든 인쇄물에 붙여야 했다.

이 법이 식민지에서 불러일으킨 분노에 영국인들은 놀랐다. 자유의 아들**과 같은 식민지 사업가 집단이 이에 맞서 싸웠으며, 인지 대행업자들이 공격받았고, 인지는 불에 타 없어졌다. 폭도들은 영국 관리들을 공격했고 그들의 가정과 사무실을 약탈했다. 수입거부 운동도 탄력을 받았다. 그 법이 통과된 직후 여름, 영국과의 무역액은 약 30만 파운드까지 떨어졌지만 식민지 내에서는 인지 없이도 사업이 정상적으로 돌아갔다.

저항은 풀뿌리 차원에서만 머물지 않았다. 식민지 전역에서 주 의회가 열려 인지세법이 주 헌장이나 헌법에 위배된다고 선언했다. 10월에는 매사추세츠 의회의 선동으로 13개 식민지 가운데 9개 식민지 대표가 뉴욕에서 모였다. 인지세법 회의로 알려진 이 회의는 영국 의회가 식민지에 과세할 권리가 없다는 선언을 담은 결의문을 통과시켰다. "대표없이 과세 없다." 아메리카인들은 계속해서 국왕에 대한 충성을 맹세하였지만, 자신들의 권리를 주장하며 연합 전선을 보여주었다. 이렇게 여러 식민지 의회들이 함께 활동하려 한 것은 이번이 처음은 아니었다. 1754년에는 식민지의 서쪽 경계를 위협하고 있던 아메리카 원주민과

---

* 조지 그렌빌(George Grenville)은 영국의 정치가로서 7년전쟁 이후 수상직에 올랐다. 재임 기간(1763~1765) 동안 설탕법과 인지세법 등 아메리카 식민지에 대한 과세 정책을 실시하여 식민지와 본국 사이의 갈등이 커지게 만들었다.
** 자유의 아들(Sons of Liberty)은 인지세법 등 영국 의회의 식민지 정책에 반대하는 비밀결사로서 1765년 가을 뉴욕에서 최초로 조직되었다. 매사추세츠 자유의 아들은 새뮤얼 애덤스와 폴 리비어가 이끈 것으로 유명하며 캐롤라이나 주, 버지니아 주, 조지아 주 등에서 유사한 조직이 결성되어 활동했다.

프랑스인에 맞서는 공동 방어 계획을 짜기 위해 올버니 회의가 열린 적
이 있었다. 그러나 그들이 어떤 정책에 합의할 수 있었던 것은 이번이
처음이었다.

인지세법은 이 회의의 공식적인 저항 때문이 아니라 군중의 폭력
으로 인해 집행될 수 없다는 것이 드러났다. 이 법은 단명한 로킹험 경
내각(1765~1766) 때인 1766년 3월 의회에서 철회되었고 국왕도 이를
지지했다. 이 소식이 식민지에 전해지자 국왕에게 경의를 표하고 지속
적인 충성을 맹세하는 축하 행사가 벌어졌다.

아메리카인들이 일종의 승리를 거두고 영국 의회가 양보할 수밖에
없긴 했지만, 인지세법이 철회된 바로 그날 선언법이 통과되었다. 이 법
은 '어떤 경우에라도' 영국 의회가 식민지에 대한 권리를 가지고 있다
는 점을 강조했다. 그러나 아메리카인들은 선언법의 불길한 말들을 무
시한 채 자신들의 승리를 축하했다. 그들은 영국 의회가 자신들의 단결
된 의지에 굴복했다는 것을 알았으며, 식민지 전역에서 새로운 확신과
정치적 의식이 생겨났다는 것을 발견했다.

타운센드 법

영국 의회는 식민지에서의 수입을 증대시키려는 계획을 포기하지 않았
다. 채덤 경 내각 때인 1767년 의회는 재빨리 타운센드 법을 만들었다.
이 법은 영국의 토지세를 (20퍼센트에서) 15퍼센트로 내리는 대신 아메
리카가 영국에서 수입하는 필수품인 유리, 차, 종이, 페인트, 납 등에 대
한 관세를 올렸다. 이것은 직접세는 아니었고, 영국이 언제나 징수해오
던 부가적인 수입 물품 관세였다. 관세 징수를 위해 영국 의회는 세관을

수입거부라는 저항의 일환으로 아메리카인들은 방적 모임을 조직했다. 여기 모인 여성들은 영국 의류를 쓰지 않고 홈 스펀 직물을 생산했다. 이런 보이콧 운동으로 인해 영국 수입품이 2/3나 줄었다.

재정비하고 지역 의회가 아닌 국왕이 봉급을 주는 새 행정관서를 만들었다. 이 행정관서는 식민지 총독에게 봉급을 지불하는 책임을 가짐으로써 이들을 지역의 통제에서 벗어나게 만들었다. 이 모든 것 가운데 가장 중요한 것은 아메리카 원주민(그리고 프랑스인)을 막기 위해 주둔하고 있던 군대가 서쪽 경계에서 철수하여 인구가 많은 해안 지방으로 재배치된 일이었다. 시민들 한가운데에 상비군이 주둔하게 된 것이다.

다시금 아메리카인들은 맞서 싸웠다. 효과적인 수입거부 운동으로 영국 수입품이 2/3나 줄었고, 식민지 전역에서 자유의 아들이 조직되어 저항했다. 자유의 딸*은 자신들의 공동체에 의류를 공급할 목적으로 홈

---

* 영국의 과세 정책 등 간섭에 맞서 아메리카인들은 영국 상품 불매 운동을 조직했고, 이는 1770년대 초의 차 불매 운동으로 절정에 달한다. 여성들은 자유의 아들과 유사한 자유의 딸(Daughters of Liberty)이라는 애국 단체를 조직하여 불매 운동에 동참했다. 또한 이들은 미국 독립전쟁 시기에 여성의 권리를 위해 투쟁하기도 했다.

영국 정부는 타운센드 법에 항의하는 반란을 통제하기 위해 군사력을 사용했다. 1770년에 만들어진 이 동판화에서 볼 수 있듯이 1770년 3월 5일 영국군의 총격으로 일어난 '보스턴 학살'에서 다섯 명의 아메리카인이 사망했다.

스펀을 짜는 모임을 열었다.

영국 당국은 이번에는 저항이나 불복종을 허용하지 않았다. 프레데릭 노스 경 내각(1770~1782)은 아메리카 식민지들과 타협하지 않기로 결정했다. 그래서 매사추세츠 하원이 국왕에게 공동 진정서를 보내기 위해 다른 식민지 의회들에 보내는 회람장을 통과시켰을 때, 영국 의회는 총독에게 매사추세츠 하원이 그 회람장을 철회하지 않으면 의회를 해산시키라고 명령하였다. 이것은 단호한 명령이었지만 실패할 운명이었다. 이 명령을 내리면서 영국 의회는 매사추세츠 하원이 이를 대담하게 거부할 수도 있다는 것을 알지 못했던 것이다. 의회는 진정서를 철회하는 것을 92대 17의 다수표로 거부한 후 국왕에 의해 해산당했다. 이에 식민지 전역에서 폭력 저항이 일어났고 뉴욕에서도 유사한 폭력이 발생했다.

평화를 회복하기 위해 영국 정부는 군사력에 의존하여 보스턴과 뉴욕에 약 4천 명의 군인을 주둔시켰다. 긴장이 고조되어 결국 뉴욕의 고든 힐에서 한 명의 민간인이 죽고 1770년 3월 5일 '보스턴 학살'에서 다섯 명이 죽는 사건이 일어났다. 영국 정부는 이제 식민지에 대한 통제력을 잃었다.

식민지에서 수입을 늘리려는 다른 시도들과 마찬가지로 타운센드법도 실패할 운명이었으며, 보스턴 학살이 일어난 바로 그날 영국 의회는 이 법들을 철회했다. 아이러니하게도 차에 관한 새로운 관세만이 의회의 체면을 살리기 위한 상징으로 유지되었다. 그러나 차는 곧 점점 커지고 있는 급진주의의 초점이 될 것이었다.

"주사위는 던져졌다"

동인도 회사가 식민지에 대한 차 수입 독점권을 부여받자 아메리카인들은 또 다시 맞서 싸웠다. 수입거부 운동으로 수입 차에 대한 보이콧이 일어나 차는 팔리지 않은 채 영국으로 돌아갔다. 보스턴에서는 새뮤얼 애덤스가 기묘한 저항을 꾸며냈다. 1773년 12월 16일 밤에 아메리카 원주민 전사로 가장한 자유의 아들은 영국 배에 올라가 거기 실려 있던 찻잎을 바다에 던져버렸다. 이 대담하고 무례한 행동으로 규진적인 아메리카인들은 기뻐했지만 그만큼 영국인들의 감정도 타올랐다.

보스턴 차 사건 소식을 들은 조지 3세는 "주사위는 던져졌다"고 썼다. "식민지는 굴복하거나 아니면 승리해야 한다."

영국 의회는 1774년의 강제법으로 대응했다. 이 법은 아메리카인들에게는 참을 수 없는 법으로 알려졌다. 매사추세츠 주를 고립시키려고 한 영국 의회는 차에 대한 배상이 이루어질 때까지 항구를 폐쇄하였다. 또 식민지에서 영국이 직접 통치하도록 정부 체계를 바꾸었으며, 영국 군대의 숙박과 보급을 위해 아메리카인의 재산을 징발할 수 있도록 했다. 동시에 퀘벡법을 제정하여 애팔래치아 산맥에 퀘벡의 경계를 규정하고 서쪽으로의 팽창을 제한했다.

대륙회의

강제법과 매사추세츠 주의 자율성을 침해하는 것에 맞서 버지니아 의회는 아메리카의 13개 식민지 대표 모두가 참석하도록 하는 회의를 소집했다. 9월 12일, 13개 식민지 가운데 12개 식민지가 참여하는 대륙회의가 필라델피아에서 열렸다(조지아 주만이 불참했다).

새뮤얼 애덤스가 조직하여 일으킨 보스턴 차 사건은 동인도 회사에 부여된 차 수입 독점권에 대한 항의였다. 이 난호하고도 연극적인 저항은 수많은 미국 애국파를 분기시켰으며, 영국 당국에 대한 이 대담한 도전은 더 이상 전쟁을 회피할 수 없다는 것을 의미했다.

대륙회의가 바란 것은 영국으로부터의 독립이 아니었다. 대륙회의는 대영제국 내에서의 자치를 목표로 삼았다. 영국 의회 내에는 아메리카 식민지를 대변하는 의원이 없었기 때문에 —— 양측은 모두 물리적 거리 때문에 직접 대표를 두는 것이 불가능하다는 점을 인정했다 —— 아메리카인들은 영국 의회가 식민지에 대한 입법권을 가질 권리가 없다고 믿었다. 반면에 영국인들은 자신들이 '실질적으로' 대표하고 있다는 점을 강조하면서 식민지에 대한 주권을 주장했다. 이는 영국 주민 다수에게도 마찬가지라는 것이다. 영국인 가운데 소수만이 투표권을 가지고 있지만 선출된 사람들은 영국민 모두에 대한 입법권을 가지고 있었다.

대륙회의는 영국과의 관계를 평화로운 방식으로 회복하려고 했다. 그래서 모국에 압력을 가하여 영국 의회가 구속적인 조치들을 철회하기를 바랐지만, 둘 사이의 관계가 더 악화되지 않게 하려고 했다. 대륙회

제1차 대륙회의 대표들은 1774년 펜실베이니아 주의 필라델피아에 있는 카펜터스홀에서 모였다. 이 회의의 목적은 영국 정부와 관계를 개선하고 식민지에서의 구속적인 조치를 없애서 영국 정부와 평화적인 해결에 도달하는 것이었다.

의는 영국민들에게 보내는 「권리와 불만의 선언」이라는 성명을 발표했으며, 조지 3세에게는 진정서를 보냈다. 그 내용은 영국 의회가 아메리카의 상업에 대한 규제권을 가지는 것은 인정하지만 다른 입법에 대해서는 모두 반대한다는 것이었다. 대륙회의는 또한 '연합'을 구성하는 데 동의했다. 이는 기본적으로 영국 수입품 금지 및 영국에 대한 아메리카의 수출 금지라는 경제적 제한 조치를 확대하는 것이었고, 또한 이를 강제하기 위한 기본 조직을 의미했다. 만약 이런 조치들이 어떤 성과를 낳지 못할 경우 1775년 봄에 다시 대륙회의를 열기로 했다.

이러한 온건한 성명서들과 달리 대륙회의는 서퍽 결의안도 승인했다. 이것은 매사추세츠 의회가 작성한 성명으로, 식민지 주의 헌장이나 헌법과는 정반대인 강제법을 거부하고 영국의 점령에 맞서 아메리카인들이 일어설 것을 호소한 것이었다. 이 급진적인 성명은 대영제국에 선전포고를 한 것이나 마찬가지였다.

당시 매사추세츠 대표였던 존 애덤스는 대륙회의의 행동이 별다른 성과를 얻지 못할 것이라고 생각했다. 그는 후일 회고록에 이렇게 썼다.

1774년 가을, 그들이 생각했던 대로 대륙회의의 업무를 끝냈다. 헤어지기 전에 나는 [패트릭] 헨리를 만나 허물없는 대화를 나누었다. 그때

나는 우리의 결의안, 권리선언, 권리 침해의 목록, 진정서, 탄원서, 호소문, 연합 및 수입거부에 대한 동의 등에 확신을 갖고 있다고 표명했다. 하지만 이것은 아메리카 내에서만 그렇게 보일 수 있는 것으로, 식민지들이 단합하는 데는 필수적이지만 영국에서는 쓸모 없는 일일 것이라는 점도 이야기했다.

그리고 그의 생각은 틀리지 않았다.

대륙회의의 진정에 대한 영국 의회의 대응은 온건한 것이긴 했지만 자치를 원하는 아메리카인들을 만족시키기에는 턱없이 부족한 것이었다. 노스 경이 제시한 해결 방안은 다음과 같다. 자기 정부의 비용을 댈 수 있고, 방어를 위한 분담금(이것은 영국에 의해 결정된다)을 낼 수 있는 식민지에 대해서는 영국이 과세하지 않을 것이다. 여기에 덧붙여 어떤 지역 관세는 식민지 자신의 금고로 들어갈 것이다. 그러나 이 결의안은 매사추세츠 주에 부과된 벌칙을 철회하지는 않았다. 어쨌든 매사추세츠 주에서의 사건은 모든 타협을 무익하게 만들 것이었다.

매사추세츠 지사로 임명된 영국의 군사 지도자 토머스 게이지 장군은 강제법을 집행하고 반란 지도자들을 체포하라는 명령을 받았다. 1775년 4월 18일, 그는 주둔군 사단을 보스턴 교외의 콩코드로 보내 반란자들이 모아 놓은 무기를 압류하도록 했다. 그러나 폴 리비어 등의 애국파가 먼저 이 소식을 전달하여 아메리카인들은 방어를 위해 무기를

제1차 대륙회의는 국왕 조지 3세에게 보낸 진정서에서 영국 의회가 미국의 상업에 대한 규제권을 가지는 것은 인정했지만 영국 의회가 다른 문제와 관련하여 식민지에 대한 입법권을 가지는 것은 인정하지 않았다.

독립전쟁의 첫번째 총성이 매사추세츠 주의 렉싱턴에서 울렸다. 영국군 병사들은 미국의 반란자들이 모아 놓은 무기를 압수하기 위해 콩코드로 가는 길이었다.

들고 모일 수 있었다. 첫번째 총성이 콩코드로 가는 길에 있는 렉싱턴에서 울렸다. 누가 방아쇠를 당겼는지는 아무도 모른다.

1775년 5월 10일 계획대로 다시 대륙회의가 열려 보스턴 출신의 부유한 사업가인 존 핸콕이 의장으로 선출되었다. 전쟁이 이미 시작되었으므로 대륙회의는 실제적으로 연합 식민지의 중앙정부 역할을 하였다. 대륙회의는 조지 워싱턴을 중심으로 군대를 조직했고, 외국과 동맹을 맺고 재정적 원조를 받기 위해 위원회를 세웠으며, 전쟁 수행을 위한 기금을 조성했다.

대륙회의의 구성원들은 일 년 안에 독립 선언서의 서명자로서 불멸의 명성을 얻게 되지만, 아직까지는 독립을 주장하지 않고 여전히 타협을 원했다. 대륙회의는 「무기를 든 대의와 필요에 대한 선언」(이하 「무기」)을 발표했는데, 이것은 펜실베이니아 주의 존 디킨슨과 토머스 제퍼슨이 작성한 것이었다. 여기서 그들은 다음과 같이 주장했다. "우리는 그토록 오랫동안 그토록 행복하게 존속하고 있는 저 결합을 해체하려는 것이 아니다. 우리가 극단적인 조치를 취한 것은 필연적인 것이 아니며, 저들에 맞서 싸우도록 어떤 다른 나라를 자극한 것도 필연적인 것이 아니다."

디킨슨은 이전에 인지세법 회의에서 발표한 「권리와 불만의 선언」도 썼으며, 타운센드 법 시기에는 수많은 식민지 신문에 게재된 「펜실베이니아의 한 농부가 영국 식민지 거주자에게 보내는 편지」의 저자로 명성이 높았다. 이들의 온건한 태도로 많은 보수적인 아메리카인들이 애국적 대의에 가담할 수 있었다. 후일 디킨슨은 독립 선언서에 서명하기를 거부했는데, 그는 여전히 타협에 대한 희망을 버리지 않았던 것이다.

전쟁을 준비하면서도 대륙회의는 상황을 진정시키려고 노력하여, 디킨슨의 주장에 따라 1775년 7월 조지 3세에게 보내는 「올리브 브랜치 진정서」를 발표했다. 이 진정서에는 꼭 일 년 후 독립 선언서에 서명할 거의 모든 사람들이 서명했다. 이것은 내부 타협의 결과였다. 하지만 이때가 되면 대륙회의의 다수는 독립을 원했는데, 이들이 진정서를 보내는 데 동의한 것은 이 진정서가 거부될 경우 아직까지 독립을 반대하는 구성원들이 동요할 것이라고 생각했기 때문이다.

진정서가 런던에 도착했을 때 조지 3세는 더 이상 타협할 생각이 없었으며, 진정서를 받는 것조차 거부했다. 1775년 8월 그는 식민지가 반란 상태이며 잘 조직된 식민지 군대에 맞서 영국 군대가 본격적으로 대응하기 시작했다고 선언했다.

『상식』

1776년 1월에 토머스 페인의 『상식』이 출판되었는데, 이는 아직까지 표명되지 않았던 독립의 정당성을 분명히 한 정치 팸플릿이었다. 이 팸플릿은 몇 주만에 15만 부가 팔려나갔고, 첫 해에만도 25번이나 인쇄되었다. 식민지의 거의 모든 사람들이 이를 읽은 것이다.

퀘이커*인 페인은 1774년 영국에서 아메리카로 이민왔다. 그는 런던에 있을 동안 벤저민 프랭클린을 만나 깊은 인상을 받았으며, 프랭클린은 그에게 아메리카에서 쓸 수 있는 몇 통의 소개장을 써 주었다. 독학한 언론인인 페인은 당시 팸플릿 저자들이 통상적으로 사용하던 현학적이고 복잡한 산문이 아닌 보통 사람이 읽을 수 있는 언어를 사용하여 열정적으로 글을 썼다. 그의 문체는 프랭클린의 문체와 다르지 않았고 출판 당시 페인은 알려진 인물이 아니었기 때문에 처음에 많은 사람들은 『상식』의 저자가 프랭클린이라고 생각했다.

페인은 단호한 어투로 군주정을 공격했다. 그는 군주정이라는 관

존 싱글턴 코플리가 1768년에 그린 폴 리비어의 초상화. 리비어는 영국의 음모를 퍼뜨리면서 애국파가 방어를 위해 무장할 수 있도록 했다. 그는 자유의 아들의 적극적인 활동가였으며, 뉴잉글랜드의 뛰어난 은세공사 가운데 한 명이었다.

---

* 퀘이커(Quaker)는 프로테스탄트의 한 일파로 신자들이 신앙을 육체의 진동(quake)으로 표현한다고 하여 퀘이커라는 이름이 붙었다. 퀘이커는 신과 직접 대면하여 내면적 체험을 통해 구원을 얻는다는 신조를 가지고 있었기 때문에 다른 프로테스탄트들이 이단으로 규정하고 박해하였다.

 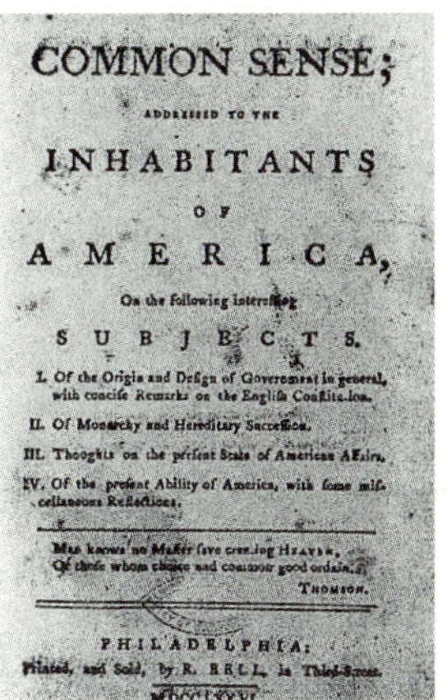

토머스 페인(왼쪽)은 1774년 영국에서 미국으로 왔다. 독립전쟁기 동안 그의 팸플릿은 애국적 대의라는 열망을 고조시켰다. 그후 그는 런던으로 돌아갔으나, 1792년 정치적 저술 때문에 대역죄 판결을 받았다. 토머스 페인의 『상식』 초판본 표지(오른쪽). 이 팸플릿은 독립의 정당성을 평이한 언어로 서술하여 미국 독립의 대의가 많은 지지를 얻는 데 큰 영향을 끼쳤다.

념만을 공격한 것이 아니라 조지 3세에 대해서도 '대영제국 왕실의 짐승'이라고 말했다. 그는 군주정이 한 개인에게 너무나 많은 권력을 부여하기 때문에 부자연스럽고 부패하기 쉽다고 주장했다. 그는 "여태까지 살았던 모든 왕관을 쓴 불한당보다 정직한 한 사람이 사회에 더 가치 있고, 신이 보기에도 그러하다"라고 썼다. 세습적인 지배는 통치자가 피통치자인 평민에게서 너무 멀리 떨어져 있다는 것을 말했다. 타협을 바라는 것은 '허망한 꿈'이었다. 그 대신 페인은 이미 식민지에 자리잡고 있는 것과 유사한 대의제 정부를 제안했다. 그의 선택은 단순한 것이었다——불평등한 체제의 폭군 아래 남아 있을 것인가, 아니면 자유와 번영을 얻을 것인가.

　대륙회의의 대표들은 『상식』을 여러 부 고향으로 보내 지역구민의 지지를 얻으려 했다. 페인의 사상은 새로운 것이 아니었지만, 그는 당대의 생각을 유창하고 설득력 있게 요약하여 독립을 원하는 주민들에게 의지를 북돋아주었다.

독립

1776년 첫 5개월 동안 사태는 아주 빠르게 전개되었다. 3월에는 노스캐롤라이나 의회가 독립을 지지하는 데 찬성 투표했다. 대륙회의는 사나포선* 결의안을 통과시켰고 해군을 창설했으며, 4월에는 미국 내 항구에 대한 영국의 통제에서 영구히 벗어나기 위해 다른 나라의 상선에도 항구를 개방했다. 5월 초에 존 애덤스는 각 식민지가 독립 주 정부를 세우도록 대륙회의가 권고해야 한다고 제안했고, 이는 결의안으로 채택되었다. "자신의 사정에 적합한 정부를 아직 세우지 않은 모든 식민지가 인민 대표의 의견에 따라 특별하게는 해당 선거구민의 행복과 안전, 그리고 일반적으로는 아메리카인의 행복과 안전에 가장 잘 공헌할 수 있는 그런 정부를 채택할 것을 권고한다." 같은 달에 대륙회의는 영국이 독일 용병을 고용하여 식민지와 싸우게 하려는 것을 알았다. 이렇게 되면 이 갈등에 외국이 개입하게 되는 것이었다.

1776년 6월 7일 버지니아 대표 리처드 헨리 리는 대륙회의가 다음과 같은 동의안을 제출해야 한다고 제안했다. "이 연합 식민지들은 자유 독립국가이고 또 그것이 마땅하며, 아메리카인들은 영국 왕에 대한 그

---

* 사나포선(私拿捕船)은 교전중인 적국의 선박을 공격할 수 있는 권한을 정부로부터 부여받은 민간 소유의 무장 선박을 말한다. 1856년 영국을 비롯한 유럽의 주요 국가들은 '파리선언'을 통해 사나포선을 해적 행위로 규정하였다.

어떤 충성의 의무에서도 해방되었으며, 이들
과 대영제국 사이의 모든 정치적 관계는 완
전히 끊어졌고, 또 그것이 마땅하다."

버지니아가 아메리카 식민지 가운데 가
장 인구가 많고 가장 부유한 곳이었기 때문
에 버지니아 대표가 발의한 이 성명은 특별
한 무게를 가졌다. 5월에 이미 버지니아 하
원은 대표를 대륙회의에 보내 독립을 제안하
자고 결정했다.

버지니아 자유의 아들 회원인 리는 토
머스 제퍼슨, 패트릭 헨리 등과 함께 버지니

헌신적인 애국파인 리처드 헨리 리는 버지니아 하
원의 대륙회의 대표였다. 웅변술로 유명한 그는
미국의 독립을 주장하는 동의안을 제출할 때 연설
을 했다.

아 입법부에서 오랫동안 아메리카의 자유를 위해 활동했다. 그는 대륙
회의의 버지니아 대표들 가운데 가장 많은 의견을 낸 사람이었다. 실제
로 많은 사람들이 그를 아메리카의 가장 뛰어난 웅변가 가운데 하나라
고 생각했다(그는 여러 번 키케로와 비교되었다). 동의안의 제안자가
그것을 작성하는 위원회의 의장이 되는 것이 관례였지만 리는 독립 선
언서 작성위원회에 임명되지 않았다. 대신 제퍼슨이 버지니아 대표로
위원회에 들어갔다. 당시에는 리가 위원회에 들어가지 않은 것이 부인
이 아팠기 때문이라고들 했지만, 실제로는 그가 너무 급진적이어서 ——
이 때문에 대륙회의 내에 적이 많았다 —— 그런 세심한 작업을 하는 데
적합하지 않다고 생각했던 것 같다. 하지만 그는 서명자 가운데 한 사람
이었고, 후일 권리장전(헌법의 10개 수정 조항)이 대륙회의에서 통과되
도록 하는 데 핵심적인 역할을 했다.

끝부분에 보여준 그의 열정적인 연설은 그의 웅변술이 얼마나 빼어난지 잘 보여준다.

왜, 여러분, 왜 우리는 더 오래 기다려야 합니까? 왜 아직도 숙고하고 있는 것입니까? 이 행복한 날에 아메리카 공화국을 만들어갑시다. 아메리카 공화국을 황폐하게 하고 정복하는 것이 아니라 평화와 법의 지배로 다시 수립합시다. 유럽의 눈이 우리를 보고 있습니다. 그들은 우리에게 살아 있는 자유의 본보기를 요구하고 있습니다. 그것은 타락한 유럽을 더욱 황폐하게 하고 있는 전제정이 시민의 행복과 얼마나 다른지를 뚜렷하게 보여줄 것입니다. 그들은 우리에게 불행한 사람들이 위안을 찾고 박해받는 사람들이 휴식을 취할 수 있는 피난처를 준비해 달라고 합니다. 처음에는 잉글랜드에서 솟아나 자랐지만 지금은 스코틀랜드 폭군의 유독한 공격에 시들고 있는 관용의 나무가 다시금 자랄 수 있는 좋은 땅을 우리가 경작하도록 요구하고 있습니다. 그 나무의 건강하고 커다란 그늘 아래 모든 인류의 불행이 가려질 수 있도록 말입니다. 오늘날 우리가 우리의 의무를 다한다면 1776년 입법자들의 이름은 후손에 의해 테세우스, 리쿠르고스, 로물루스* 옆에, 세 명의 나사우의 빌렘** 옆에, 기억될 모든 사람들 옆에 자리잡을 것이고, 덕성스러운 인간과 훌륭한 시민에게 존경받게 될 것입니다.

이후 이틀 내내 열띤 토론이 이어졌고, 독립에 찬성할 것을 아직 승인하지 않은 주들(메릴랜드, 델라웨어, 뉴저지, 뉴욕)의 대표들이 고향에서 동의안에 대한 지지를 얻을 수 있도록 투표가 3주 동안 연기되었다.

하지만 대륙회의는 투표를 연기함과 동시에 (결국 투표가 성공리에 끝날 것이라고 낙관하면서) 독립 선언서를 준비하는 위원회를 만들었다. 이 위원회의 다섯 위원은 다음과 같다. 펜실베이니아 주의 벤저민 프랭클린, 매사추세츠 주의 존 애덤스, 코네티컷 주의 로저 셔먼, 뉴욕 주의 로버트 R. 리빙스턴, 버지니아 주의 토머스 제퍼슨이 그들이다.

이들은 이 중요한 과제를 위임받은 것 이외에 다른 책임도 떠맡고 있었다. 애덤스는 전쟁위원회에서 일했으며, 프랭클린과 함께 외국 열강과의 조약을 준비하고 있었다. 리빙스턴과 셔먼은 연합헌장을 준비하는 위원회에 속해 있었고, 제퍼슨도 캐나다와의 관계를 다루는 몇 개의 위원회 및 대륙회의 내의 토론 규칙을 만드는 위원회에 속해 있었다.

대륙회의 코네티컷 대표인 로저 셔먼은 기초위원회 위원이었다. 그는 독립 선언서뿐만 아니라 공동헌장, 연합헌장, 헌법에도 서명한 유일한 인물이다.

---

* 테세우스(Theseus)는 그리스 신화의 인물로 아테네의 왕 아이게우스의 아들이다. 도시국가 아테네의 기반을 마련한 인물로 알려져 있다. 리쿠르고스(Lycurgos)는 기원전 7세기에 활동한 고대 스파르타의 입법자이다. 스파르타의 제도 대부분을 만들었다고 하나 실존 인물인지는 분명치 않다. 로물루스(Romulus)는 로마의 건국자로 알려진 전설상의 인물이다. 쌍둥이 동생 레무스(Remus)와 함께 도시국가 로마를 세웠지만, 이후 레무스를 살해하였다. 로마라는 이름은 로물루스에서 나온 것이다.

** 네덜란드 오라녜 나사우(Oranje Nassau) 가문의 빌렘(Willem) 1세, 2세, 3세를 가리킨다. 12세기부터 신성로마제국 황제의 가신이었던 오라녜가 16세기 독일의 나사우 가문과 혼인 관계를 맺었고, 1544년 나사우 백작이 빌렘 1세로 오라녜 공이 되었다. 그는 에스파냐에 대항하여 네덜란드의 반란을 이끌었고, 이후 만들어진 네덜란드 공화국의 총독직을 맡았다. 이후 네덜란드에서는 오라녜 나사우 가문이 총독직을 독점하는 전통이 만들어졌다.

로저 셔먼은 그의 고향인 코네티컷 대표로 두 차례의 대륙회의에 모두 참석함으로써 지역 정치계에서 이미 유명한 인물이었다. 그는 애덤스와 함께 군대를 지휘하는 전쟁위원회를 창설한 위원회에 속했으며 제퍼슨과 함께 캐나다에서의 부당한 조치를 조사하는 위원회에도 속했다. 그리고 리빙스턴과 함께 연합헌장의 초안을 작성하는 위원회에도 속했다. 그가 독립 선언서 작성에 실제로 기여한 바는 상대적으로 적지만 상식, 공평함, 통합력 등을 가진 것으로 유명했기 때문에 함께 일했던 집단 내에서 일종의 안전판 노릇을 했을 것이다. 후일 셔먼은 제헌회의 의원으로 일하며 새로운 헌법을 열렬히 지지하였다. 그는 하원의원과 상원의원으로도 일했다.

로버트 리빙스턴은 독립 선언서 초안위원회에 참가하긴 했지만 서명을 하지는 않았는데, 왜냐하면 뉴욕 지방의회로부터 그렇게 하라는 권한을 위임받지 못했기 때문이다. 그는 뉴욕에서 오랫동안 정치적 영향력을 발휘해온 가문 출신이었다. 스코틀랜드에서 이민 온 그의 할아버지는 이 주에서 가장 부유한 사람 가운데 하나였는데, 이는 현명한 결혼과 아메리카 원주민과의 교역을 통해서 이룬 것이었다. 그는 30년 이상 동안 인디언 문제 담당자였으며 주 의회 의원이기도 했다. 리빙스턴의 아버지는 휘그파 정치 지도자로서 주 판사로 일했으며 인지세법 회의의 대표이기도 했다. 리빙스턴 자신은 법률가로 교육받았고, 후일 전쟁이 끝났을 때 대영제국과의 조약을 담당한 존 제이의 파트너로 일했다. 또한 리빙스턴은 외무부의 첫번째 장관으로서 외교관들에게 훈령을 내리기도 하였다──여기에는 제이도 포함되어 있었다. 리빙스턴은 후일 토머스 제퍼슨 대통령 밑에서 루이지애나 매입 협상을 할 때 프랑스

뉴욕 대표인 로버트 R. 리빙스턴은 식민지 시기와 그 이후 시기에 크게 활약한 가문의 일원이었다. 기초위원회 위원이긴 했지만 그는 독립 선언서에 서명하지 않았다.

주재 공사로 일했다.

벤저민 프랭클린은 대륙회의에서 가장 나이 많은 정치가였다. 통풍과 종기로 건강이 좋지 않았던 그는 독립 선언서의 첫번째 초안을 작성할 때는 별다른 역할을 하지 못했지만 제퍼슨이 문서를 대륙회의에 제출하기 전에 작지만 결정적인 수정을 가했다. 훗날 프랭클린은 자신이 그렇게 역사적인 문서의 저자가 될 수 있는 기회를 놓친 것에 아쉬움

이 없음을 밝혔다. "가능한 한 나는 공적 조직이 검토할 문서의 초안 작성자가 되는 것을 피하려 했다." 대륙회의가 초안에 가한 실질적인 수정에 화가 났던 제퍼슨도 이러한 입장에 동감했다.

프랭클린은 서서히 독립이라는 생각을 가지게 된 인물이었다. 보스턴에서 태어난 그는 젊은 시절 펜실베이니아 주로 이주했고, 『펜실베이니아 가제트』라는 신문의 발행인으로 대중의 주목을 받게 되었다. 매우 박식했던 프랭클린은 공적 생활에 기여한 만큼이나 과학에 대한 기여—이중 초점 렌즈나 피뢰침과 같은 그의 발명품에서 알 수 있듯이—도 컸던 인물이다. 그는 18년을 영국에서 지내면서 펜실베이니아 주를 위해서뿐만 아니라 아메리카의 모든 식민지를 위해 영국 의회에서 로비 활동을 했다. 이 때문에 그는 이 시기 동안 런던을 자신의 고향이라고 생각했다.

대영제국의 지지자였던 프랭클린은 아메리카가 제국의 일원으로 남아 있는 것이 식민지 전체에 이익이 된다고 보았다. 그는 언젠가 아메리카가 인구와 자원 모두에서 모국보다 더 강해질 것이라고 생각했고, 양자 모두에 이익이 되는 동등한 연합을 희망했다. 1775년 1월 말 프랭클린은 귀족원(상원)의 청중석에서 식민지에 제한적인 자율권을 부여하자는 온건한 제안을 했다. 그러나 그 해 말 69세의 나이로 아메리카에 돌아왔을 때 국왕과 식민지 사이의 분열이 회복불가능이라고 생각한 그는 독립의 대의에 헌신하기로 마음을 바꾸었다. 1776년 말 그는 미국의 저명한 외교관으로 유럽에 건너가 프랑스에게 지지를 구했고, 나중에는 영국과 강화조약 협상을 시작했다.

연설에서나 저술에서나 거침 없고 솔직했던 존 애덤스는 급진주의

1785년 파리조약 협상을 마치고 프랑스에서 돌아온 벤저민 프랭클린. 그는 혁명기 미국의 지도적인 정치가 가운데 한 사람이었지만, 그의 정력적인 노력과 외교도 전쟁을 막지는 못했다. 기초위원회의 위원으로서 그는 제퍼슨의 초안에 약간의 수정만을 했지만, 이는 매우 중요한 것이었다.

의 온상이었던 매사추세츠 주에서 인지세법의 반대자로 유명해진 독립의 오랜 지지자였다. 1775년 초 그는 다음과 같이 썼다.

종교 개혁 직후 일부 사람들이 양심을 위해 이 신세계로 건너 왔다. 아마 이 사소한 사건으로 제국의 중추가 아메리카로 옮겨 왔을 것이다. 나에게는 그래 보인다. 왜냐하면 우리가 무도한 프랑스인들을 제거할 수 있다면, 아주 정확한 계산에 따라 우리가 다음 세기에 영국보다 그 수가 더 많아질 것이기 때문이다. 이렇게 된다면 우리는 우리나라의 해군이 이용할 수 있는 해안을 가지고 있기 때문에 제해권을 손쉽게 장악할 수 있을 것이라고 말할 수 있다. 그리고 모든 유럽이 힘을 합친다 해도 우리를 굴복시킬 수 없을 것이다. 우리를 독립하지 못하게 하는 유일한 방도는 우리를 분열시키는 것이다.

1805년에 씌어진 자서전에서 애덤스는 위원회가 자신과 제퍼슨 둘 다에게 독립 선언서 작성 임무를 맡겼지만 몇 가지 이유로 이 영예를 거절했다고 주장했다. 그 이유 가운데 하나가 "제퍼슨의 글솜씨가 아주 우아하다고 생각했으며, 자신은 전혀 그렇지 않았기" 때문이라는 것이었다. 그러나 제퍼슨은 위원회가 자신만을 선출했다고 하면서 이런 주장을 반박했다. 그는 처음 초고를 애덤스와 프랭클린에게 제출했고 프랭클린과 마찬가지로 애덤스도 별다른 수정을 하지 않았다고 했다.

독립 선언서를 작성할 때 애덤스가 별다른 역할을 하지는 않았지만 그는 독립 선언서의 가장 강력한 지지자였기 때문에 여러 차례 이를 말했다. 1777년에는 미국 외교팀의 일원으로 프랑스에 가게 되었지만

존 애덤스는 불같은 성질에 독단적이기까지 했지만 그 누구보다도 미국의 독립이라는 대의에 헌신했다. 그는 기초위원회 위원이 됨으로써 토머스 제퍼슨과 일생에 걸친 경쟁 관계에 들어섰다――이후 그는 제퍼슨의 기여가 칭송받는 것에 불만을 토로했다.

천성이 솔직한 편이라서 이 업무에 적합하지 않았다. 그렇지만 그는 1783년 9월 파리조약 협상에 조력하는 등 1788년까지 여러 차례 이 일을 맡았다. 미국으로 돌아온 후에는 조지 워싱턴의 부통령이 되었다가 후일 미합중국의 제2대 대통령이 되었다.

오늘날 토머스 제퍼슨은 독립 선언서의 저자로――그리고 미합중국의 제3대 대통령으로――유명하며 우리는 그러한 책임에 뒤따르는 영광을 그에게 돌린다. 당대인들에게 제퍼슨은 매우 지적이고 특별한

글재주를 가진 사람이긴 했지만 조심스럽고 냉담한 성격의 소유자였다. 붉은 머리에 키다리였던 제퍼슨은 훌륭한 웅변가가 존경받던 시대에 대중 연설을 잘 하지 못한 인물이었다. 그가 초대 국무장관으로 임명된 이후 사람들은 중년의 그를 이렇게 묘사했다. "그의 전체적인 인상은 흐리멍덩하고 답답해 보인다. 그는 단호하고 침착한 모습이 전혀 없고 멍청해 보인다. …… 비록 그의 말이 성품을 드러낸 것이긴 하지만 말이다. 흐리멍덩하고 산만해서 그는 가는 곳마다 정보를 흘리고 다닌다. 물론 가끔씩 뛰어난 의견을 제시한다."

제퍼슨은 부유한 지주의 아들이긴 했지만 측량 기사로 생활하며 자수성가한 인물이다. 하지만 그의 어머니는 버지니아 주의 주요한 가문 출신이었다. 똑똑한 학생이었던 제퍼슨은 젊은 시절 고전을 공부했고 나중에는 윌리엄&메리대학에서 법을 공부했다. 그는 말은 잘 못했지만 뛰어난 기억력을 가진 학생이었다. 잠시 변호사로 일한 후 그는 1768년 버지니아 하원에 들어갔는데, 이때는 과세를 둘러싼 논쟁이 본격화될 무렵이었다. 그는 미국인의 권리에 대한 확고한 지지자였으며, 그의 입장은 『영국령 아메리카의 권리에 대한 요약적 견해』라는 팸플릿에 잘 드러나 있다. 이 팸플릿은 1774년 그의 동의도 없이 대륙회의에 의해 출판되었다. 이 문서에서 그는 왕에 대한 충성은 완전히 자발적인 것이라는 점을 강조하고 식민지에 대한 영국 의회의 권위를 부정했다.

제퍼슨은 중앙 정치에는 끼어들려 하지 않았고 버지니아 주에만 집중했다. 그는 제1차 대륙회의에는 참가하지 않았지만 제2차 대륙회의에는 버지니아 하원의 필요로 돌아간 페이튼 랜돌프를 대신하여 대표로 참가하였다.

토머스 제퍼슨의 입상은 워싱턴 D.C.에 있는 제퍼슨 기념관의 돔 지붕으로 된 원형 홀에 있다. 입상 주위의 벽에는 독립 선언서에 나오는 제퍼슨의 말이 기록되어 있다.

제퍼슨은 곧 고향으로 돌아갔다. 1776년 10월 버지니아로 돌아온 그는 자신의 원칙을 실천에 옮겼다. 그는 (그 자신도 혜택을 본) 세습귀족제를 끝장내기 위해 장자상속제와 한사상속제(상속인을 한정하여 물려주는 제도) 폐지 운동을 벌였으며, 교회와 국가의 분리 및 종교 자유를 위한 활동을 벌였다. 그가 버지니아 지사로 일한 때(1779~1781)는 매우 어려운 시기였는데, 이때는 독립전쟁(미국혁명)의 막바지였고 미국

토머스 제퍼슨은 버지니아 주의 샬롯빌 근처에 있는 자신의 집 몬티첼로를 손수 설계했다. 건축 작업은 1770년에 시작되었으며, 제퍼슨은 1772년에 이사했다. 이후에도 수년 동안 증개축이 이루어졌다. 이 집은 미국의 고전적 건축양식에서 으뜸가는 예이다.

군의 자금과 에너지가 소진되던 때였다. 그후 그는 국가에 봉사하기 위해 대륙회의 대표로 돌아왔다. 1785년에는 벤저민 프랭클린의 뒤를 이어 프랑스 대사로 일했으며, 그 뒤에는 국무장관과 부통령으로 일했다.

토머스 제퍼슨의 정치 경력은 두 번의 임기를 지낸 대통령이었을 때 절정에 달했으며, 워싱턴 D.C.에서 취임한 첫번째 대통령이었다. 대통령으로서 그는 주의 권리를 강력하게 옹호했으며 연방정부의 역할은 주로 외교에 한정되어야 한다고 믿었다. 또한 문어(文語)의 힘을 믿었던 그는 헌법에 대해 '암묵적인 힘'이라고 주장한 사람들에 반대하고 글자 그대로의 해석을 신봉했다.

대통령직을 그만둔 후 제퍼슨은 자신이 직접 설계한 몬티첼로로 돌아갔다. 그곳에서 그는 저술과 연구에 몰두했고 버지니아대학을 세우기도 했다. 오늘날 그의 수많은 업적은 워싱턴 D.C.의 제퍼슨 기념관을 비롯하여 여러 도서관과 문서고에서 찾아볼 수 있다.

The Document

『독립 선언서』의 내용

불의를 제거하기 위해 무기를 들 수밖에 없었을 때 세계의 연단에 호소하는 것은 우리의 대의에 비추어 적절한 일이었습니다. 이것이 독립 선언서의 목적이었습니다. 그것은 이전까지 생각하지 않았던 새로운 원칙이나 새로운 논거를 찾는 일이 아니었으며, 이전까지 이야기되지 않았던 것을 말하는 것도 아니었습니다. 그것은 인류 앞에 신민의 상식을 평이하고 단호하게 말함으로써 인류의 동의를 구하려는 것이고, 우리가 어쩔 수 없이 취하게 된 독립의 자세를 정당화하기 위한 것입니다. 그것은 원칙이나 견해의 독창성을 목표로 하는 것도, 어떤 특정한 이전의 저술을 모방한 것도 아닙니다. 그것은 미국인의 정신을 표현하고자 한 것이며 사태에 맞추어 적절한 음조와 정신으로 표현한 것입니다.

—제퍼슨이 1825년에 헨리 리에게 보낸 편지(『저작집』, 1984)

토머스 제퍼슨이 작성한 독립 선언서는 다양한 저술이 영향을 끼친 결과였다. 그는 전 생애에 걸쳐 광범위한 독서를 한 연구자로서 존 로크와 앨저넌 시드니* 같은 당대 저자들뿐만 아니라 고전에도 친숙했다. 그는 역사적으로 중요한 문서들에 대해서 알고 있었고 그 가운데 일부는 작성하는 데 참가하기도 했는데, 버지니아 헌법이 그 예이다. 이 모든 영향이 그의 저술에 분명하게 드러나 있다.

---

*영국의 정치가인 앨저넌 시드니(Algernon Sidney, 1622~1683)는 청교도혁명기에 크롬웰의 의회파에 가담했다가 왕정복고 후 망명 생활을 했다. 고국으로 돌아온 후 라이하우스 암살음모사건으로 체포되어 처형당했다. 그의 『정부론』(*Discourses Concerning Government*, 1698)은 근대 민주주의의 사상적 원류로 간주되고 있다.

계몽사상가인 존 로크(왼쪽)는 제퍼슨이 영감을 받은 사람 가운데 하나였다. 앨저넌 시드니(오른쪽)는 17세기에 가장 영향력 있는 정치이론가 가운데 한 사람이었다. 권위를 의문시하고 인민의 요구에 부적합한 정부를 전복한다는 그의 주장은 미국에서 많은 추종자를 낳았다.

하지만 그러한 여러 원천의 반향이 독립 선언서에 분명하게 드러난다는 사실 때문에 이 문서의 질이 떨어지는 것은 아니다. 제퍼슨 자신은 이 문서의 독창성에 대해 크게 주장하지는 않았다. 후일 그가 썼던 것처럼 "그것의 모든 권위는 대화 속에서, 편지 속에서, 인쇄된 논평 속에서 표명된 것이건 아리스토텔레스, 키케로, 로크, 시드니 등의 공적 권위를 가진 기본서에서 표명된 것이건 간에 시대의 일치된 견해에 의존했다는 데 있다." 실제로 제퍼슨 시대에는 다른 저작이나 저자에게서 생각을 빌려오고 참조하는 것이 박식함의 지표였으며 이것은 오늘날 독창성을 칭송하는 것과 마찬가지였다.

철학적 조류

사실상 오늘날에는 알려져 있지 않지만 앨저넌 시드니는 17세기와 18세기에 가장 영향력 있는 정치이론가 가운데 하나였다. 그의 사상은 많은 부분 그의 뒤에 온 주요한 계몽사상가들의 입장에 기초가 되었는데, 여기에는 미국의 주요 정치가들도 포함되어 있다.

제2대 레스터 백작의 둘째 아들인 시드니는 영국내란(청교도혁명) 기에는 의회파와 대립했고, 장기의회(1640~1660)의 의원일 때는 올리버 크롬웰의 독재적 경향에 반대했다. 왕정복고기에는 해외에 있었다가 영국으로 돌아온 뒤 찰스 2세의 반대파와 제휴했고, 국왕에 대한 반란의 지지를 얻기 위해 프랑스 및 네덜란드와 협상을 벌였다. 찰스 2세가 의회를 정지시킨 이후 국왕 반대자 가운데 일부는 국왕이 절대군주제로 회귀할 목표를 가지고 있는 것이 아닌가 두려워했다. 그들은 국왕을 암살하려는 음모를 꾸몄는데, 이것은 라이하우스 암살음모사건*으로 알려지게 된다. 시드니는 가담하지 않았던 것 같지만 국왕에 반대하는 다른 활동이 드러나 대역죄로 재판을 받게 되었다. 그 증거는 주로 그의 저술에 근거한 정황 증거였는데, 여기에는 출판되지 않은 『정부론』이 들어 있었다. 하지만 그는 유죄 판결을 받고 참수당했다.

시드니와 그의 저작은 미국에서 매우 존중받았다. 그는 펜실베이니아 식민지를 세운 윌리엄 펜과 동시대를 경험한 친구로서 해방과 종교적 자유라는 건국 이념을 지지했다. 이 때문에 후일 존 애덤스, 벤저민 프랭클린, 새뮤얼 애덤스, 제임스 매디슨 등이 그의 저작을 인용했다. 토머스 제퍼슨은 버지니아대학 창립 때 쓴 글에서 시드니가 로크와 같은 정도로 미국에 영향을 미쳤다고 했다.

---

* 1683년 4월 영국에서 일어난 국왕 암살미수 사건을 말한다. 휘그당 내의 급진파와 크롬웰파 잔당이 하트퍼드셔의 라이하우스에서 돌아오던 국왕 찰스 2세와 그의 동생 제임스(후일 제임스 2세)를 암살하려 했으나 실패했다.

독립 선언서를 작성할 당시 토머스 제퍼슨은 필라델피아의 그라프하우스에서 하숙했다. 오늘날 이 건물은 독립 선언서 하우스로 알려져 있으며, 독립 기념 국립 역사공원의 일부이다.

시드니가 볼 때 자유, 즉 행복과 재정적 안녕을 추구할 자유는 신이 부여한 권리였다(그는 계몽사상이 세상에 알려지기 이전에 글을 썼다. 후일 이 개념은 자연법이라는 관점에서 제시된다). 인간이 만든 법은 자유를 보호하고 유지하기 위해서만 존재한다. 그는 이렇게 썼다. "인민의 안전이 최고의 법이다. 이러한 안전이 그들의 자유, 재산, 토지, 생명의 보존으로 확장되고 또 그것으로 이루어져 있다면, 그러한 법은 모든 통치 권력의 원천이자 시작이며 끝이자 한계이다. 그리고 모든 법은 거기에 공헌하고 복종해야 한다."

어떤 정부가 좋은지 나쁜지를 규정짓는 기준은 정부 형태가 아니다. 도리어 각 정부는 그 정부의 목표와 성과에 의해 판단되어야 한다. 시드니가 생각하기에 군주제가 공화정보다 부패하기 쉽고 실정을 저지르기 쉽긴 하지만, 그가 군주제의 반대자였던 것은 아니다. 그는 다음과 같이 썼다. "좋은 정부와 나쁜 정부 사이의 차이는 한쪽은 자의적인 권력을 가지고 있고 다른 쪽은 그렇지 않다는 식의 차이가 아니다. 왜냐하면 둘 다 자의적인 권력을 가지기 때문이다. 잘 구성되어 있는 좋은 정부는 이 권력을 인민에게 이익이 되도록 하며 이러한 규칙을 어기지 않도록 한다. 반면 나쁜 정부는 이런 점에서 실패한 정부이다." 법이 따라야 할 어떤 것이 있다는 사상은 미국인들에게 적합한 것이었다. 그들은 자신들의 특별한 처지를 잘 알지 못하는 먼 곳의 정부가 정한 부적절한 법규에 의해 침해받고 있다고 생각했기 때문이다.

그에게 영감을 받은 계몽사상가들과 마찬가지로 시드니도 권위를 문제삼았다. "구두장이가 '이것은 잘 만들어진 것입니다'라고 하더라도 누가 자기 발에 맞지 않는 신발을 신으려 하겠는가? …… 그것은 이성, 오성, 혹은 상식, 의지를 가질 때도 마찬가지이고, 자신과 자신의 후손에게 관계된 일에 그것을 사용할 때에도 마찬가지이다." 자신을 지배하는 사람들에 대해 비판적인 태도를 취함으로써 인민은 정부가 공정하게 남아 있는 것을 보장할 수 있다.

정부가 뭔가 부족할 경우 정부를 만든 사람들이 그것을 해체할 권리도 가지고 있다는 것이 시드니의 견해였다. 혁명에 대한 그의 급진적인 옹호는 식민지에서 수많은 개종자를 획득했는데, 특히 어떤 반란이라도 이성적으로 검토해야만 한다는 생각 때문에 그러했다. 하지만 그는 성급한 봉기를 주장하지는 않았고 책임 있는 대의제 정부를 주장했다. "신은 인간에게 정부 형태를 선택하도록 했으며, 어떤 형태를 만든 사람들은 그것을 폐지할 수도 있다. …… 한 나라의 전반적인 봉기를 반란이라고 부를 수는 없다." 시드니에게 힘은 최종적인 원천이었다. 왜냐하면 힘을 통해 권력을 얻고 권위를 유지하는 정부는 힘에 의해 전복될 수 있기 때문이다 — 그러나 종종 힘은 일반적인 동의를 얻게 될 정부를 세우는 데 필요하기도 하다.

계몽사상

미국의 정치적 동요는 유럽과 신세계 모두를 휩쓴 계몽사상이라는 지적 운동의 맥락 속에서 일어났다. 독립 선언서는 계몽사상의 영향을 받았고 또한 그것의 일부를 이루기도 한다. 제퍼슨과 프랭클린은 계몽사상의 핵심적인 주창자로 간주되며 독립 선언서는 계몽사상의 정전 가운데 하나이다.

계몽사상은 광범위한 지적 운동으로서 과학, 철학, 정치 이론, 신학 등에서 이루어진 발전을 포괄했다. 계몽사상가들은 진보라는 사상, 특히 합리적인 탐구를 통한 진보를 신봉했다. 자연 세계를 이해하는 데 커다란 진전을 이루게 한 아이작 뉴턴에게 영감을 받은 그들은 인간 존재를 통치하는 보편적인 원리 — 자연법, 명료하고 자명한 진리 — 를 발견하고자 했다.

존 로크와 데이비드 흄과 같은 영국 철학자들은 인간 지식의 범위를 경험적으로 측정하고 확장하고자 했으며, 인간의 감각과 경험 속에서 지식의 기초를 찾고자 했다. 배지 상태(태어날 때 모든 인간은 '백지 상태'에 있으며, 여기에다 가족과 사회가 지혜와 관습을 기입한다)라는 로

자연 세계에 대한 아이작 뉴턴의 발견은 계몽사
상가들이 인간의 사고하고 학습하는 방식을 탐구
함으로써 지식의 범위를 확장할 수 있도록 고무
했다.

크의 개념은 계몽사상의 핵심적인 개념이었
다. 예를 들어 프랑스의 백과전서파가 『백과
전서』를 만든 이유 가운데 하나는 지식을 공
유하고 확산시키기 위한 것이었는데, 그들은
우리 모두에게 내재한 거대한 학습 능력을 확
신했기 때문이다.

또한 지식의 기초로서의 감각과 백지 상
태라는 주제들은 모든 인간이 최소한 태어날
때는 동등하며 사회적 우위에 의해서만 서로
구분된다는 사상을 의미했다. 사회적 상황에
서 생기는 우위가 있긴 하지만 모든 인간은 감
각의 능력을 가지고 있고, 따라서 그 감각을 통해 학습하는 능력을 가지
고 있다. 다른 말로 하면 모두가 지식을 얻을 수 있다. 이러한 백지 상태
라는 개념은 미국인들에게 커다란 영향을 끼쳤는데, 특히 급진주의자들
은 신세계를 사회 질서가 새롭게 창조될 수 있는 거대한 백지 상태로 보
게 되었다.

계몽사상의 도식에서는 모든 것이 합리적인 연구를 필요로 하므로
교회와 국가 모두 신비한 성격의 일부를 상실했다. 교회와 국가는 더 이
상 의심할 바 없는 것이 아니었다. 신학자들이 신성과의 관계를 수정한
것과 마찬가지로 정치 사상가들도 정부와 인민 사이의 관계에 대한 생
각을 바꾸었다. 이 가운데 많은 부분을 독립 선언서의 앞머리에서 찾아
볼 수 있다.

계몽사상에서 말하는 것처럼 합리적인 사회 질서 속에 있는 정부

는 자신의 목적을 추구하는 인간의 권리를 보호하기 위해 존재하는데, 그러한 목적은 본질적으로 행복이나 안녕이다. 인간은 자기 이해(행복에 대한 추구)라는 동기를 가지고 있으며 사회/정부는 각 사람을 보호하기 위해 만들어진 사회적 구성물이므로 이 속에서 사람들은 서로 이익이 되는 방식으로 함께 살아갈 수 있다.

인간은 권리를 보장받기 위해 정부를 만들며, 피치자의 동의를 받지 않은 정당성 없는 정부는 존재할 수 없다. 다른 말로 하면 정부는 사회의 계약이다. 이런 생각을 논리적으로 연장하면 모든 사람이 스스로 만들고 선택한 자기 정부, 자유롭게 동의하여 만든 자기 정부를 가질 권리가 있다. 마찬가지로 그들은 기존 정부가 더 이상 그 책임을 다하지 않을 때 반란을 일으킬 권리가 있다.

계몽사상이 전제군주나 절대주의 정부 형태를 철저히 반대했다는 사실은 전세계의 기존 사회 질서에 심각한 위협이었다. 이 사상에 영향을 받은 17~18세기는 정치적 변동의 시기였는데, 미국만 그런 것이 아니라 프랑스, 러시아, 에스파냐 제국 등을 비롯한 세계 여러 곳에서 그러했다.

1689년의 권리선언

영국 정치에서 선언이란 것은 공식적이거나 법적인 규정력이 없다 하더라도 하나의 형식적인 문체를 가진 특이한 유형의 문서이다. 선언이라는 형식으로 만들어진 성명서의 특별한 중요성을 정부와 대중 모두 이해하고 있었다. 대부분의 경우 선언은 새로운 정책을 선포하고 실행한다. 선언은 대중의 지지를 얻으려는 목적으로 쓰여지기 때문에 대개 분

19세기 연필화에서 볼 수 있는 것처럼 제임스 2세는 왕위를 포기하고 프랑스로 도망갔다.

명하고 설득력 있는 표현으로 설명되기 마련이었다. 영국 역사에서 선언은 의회와 군주에 의해 발표되었으며, 아메리카인들도 자신들의 선언 ——「무기」와 독립 선언서 —— 을 발표할 때 일반적인 관행을 따랐을 뿐이다.

식민지에 가장 잘 알려져 있던 영국의 선언은 명예혁명의 핵심 텍스트인 1689년의 권리선언이었다. 명예혁명은 제임스 2세의 퇴위를 둘러싼 일련의 사건에 붙여진 이름으로, 의회가 반대했음에도 그는 로마 가톨릭을 장려했고 이에 대한 전국적인 적대가 커지자 순순히 도망갔다. 윌리엄과 메리(제임스 2세의 딸)가 왕위를 계승할 때 의회는 이 선언을 발표했다. 이 선언은 1689년 12월 16일 정식으로 통과되었다. 그리고 대관식 이후 핵심적인 다른 두 번의 입법 행위가 뒤따랐다. 종교적

명예혁명은 제임스 2세를 왕위에서 몰아내고 이를 공동 통치자인 윌리엄과 메리에게 넘겨준 무혈 쿠데타였다. 이 19세기의 유화는 1688년 오렌지 공 윌리엄(오라녜 공 빌렘)이 군대와 함께 도착했다는 소식을 제임스 2세가 듣는 장면을 보여준다.

관용을 허용한 관용법(1689)과 3년마다 정기 선거를 실시하고 군주가 의회를 해산할 권리를 폐지한 3년법(1694)이 그것이다.

권리장전으로도 알려져 있는 이 선언은 아메리카 식민지에서 매우 인기가 있었다. 이 선언은 세 부분으로 이루어져 있다. 첫 부분은 제임스 2세의 통치를 형식상 끝낸다는 내용이고 그 다음으로 국왕에 대한 구체적인 불만이 나열되어 있다. 그런 다음 13개의 '분명한 권리와 자유'의 목록으로 넘어간다. 그것은 군주의 법적 권리를 한계짓고 의회가 가진 입법권을 보호하는 것이다――예를 들어 의회에 과세권을 준다는 등. 그것은 또한 군주가 의회의 법에 종속되도록 했으며 의회가 정한 법을 자의적으로 변경할 수 있는 군주의 권한을 폐지했다. 이 목록에는 미국인들이 정치적 투쟁 속에서 주장한 몇몇 권리도 포함되어 있었다. 국

왕에게 청원할 수 있는 신민의 권리, 평화
시에 상비군에게 손해 보지 않을 권리 등
이 그것이다.

버지니아 권리선언

두 개의 버지니아 주 문서는 영국의 권리
선언과 독립 선언서 사이의 분명한 이행을
보여준다. 하나는 1776년 봄 토머스 제퍼
슨이 전문(前文)을 쓴 버지니아 헌법이고,
다른 하나는 같은 시기에 조지 메이슨이
쓴 버지니아 권리선언이다.

곧 각 주는 이 두 문서를 나름대로 변
형해 주 정부의 기초를 세우고 기본적인 자유를 규정했다. 본질적으로
는 영국 권리선언의 여러 부분이 미국의 각 주에서 공포한 기본 문서에
반영되어 있다. 각 주에서는 영국 권리선언의 도입부와 맞먹는 독립 선
언을 개별적으로 공포하거나 경우에 따라서는 헌법에 포함시켰다. 권
리선언(혹은 권리장전)은 개인들의 권리를 보호했고 헌법은 정부의 한
계를 규정했다.

제퍼슨은 영국 문서를 버지니아 헌법 구조의 모델로 삼았으며 경
우에 따라서는 그 표현도 차용했다. 버지니아 헌법은 군주제와 단절하
는 기능을 했고, 헌법이 규정적인 문서 역할을 하는 새로운 정부의 수립
으로 이어졌다. 초기 텍스트와 마찬가지로 그는 불만의 주제를 드러내
는 '~이지만' 이라는 절로 글을 시작했다. "대영제국과 아일랜드의 국

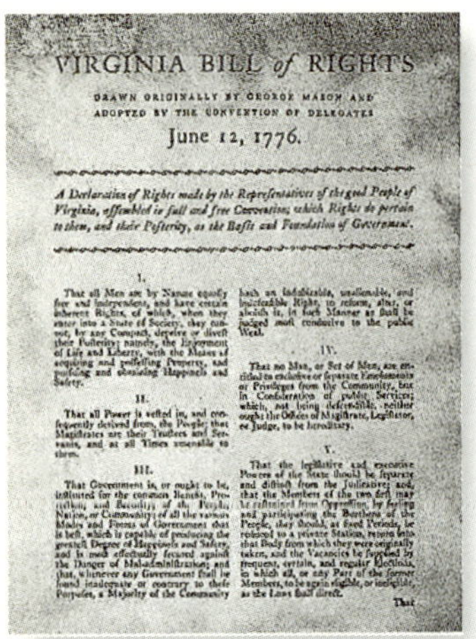

독립 선언서를 작성할 당시 토머스 제퍼슨은 버지니아
권리선언을 보았을 것이며, 그의 사고와 표현에 분명
히 영향을 미쳤다.

왕이며 하노버의 선제후*인 조지가 이제까지 이 정부의 왕으로 있으면서 가증스럽고 지지할 수 없는 전제정으로 바꾸려고 노력해왔지만……."

버지니아 제헌회의가 손질한 버지니아 헌법 최종본은 국왕에 대한 16가지 불만을 나열한 후 "대영제국의 왕이 통치하던 이 나라의 정부는 완전히 해체되었다"는 점을 확인하는 것으로 넘어간다.

버지니아 권리선언의 초안은 토머스 제퍼슨이 독립 선언서를 작성할 때 이용할 수 있었다. 두 문서를 비교해보면 그 영향을 분명히 확인할 수 있다. 토머스 제퍼슨은 조지 메이슨에 대해 "그의 세대 가운데 가장 현명한 사람"이라고 말했다.

버지니아 주의 농장주인 조지 메이슨은 마지못해 정치가가 되었다. 조지 워싱턴은 그를 신뢰하여 대륙군에 있는 동안 버지니아 하원의원직을 그에게 맡겼다. 그가 쓴 버지니아 권리선언은 미국의 초기 문서 가운데 가장 영향력 있는 문서 가운데 하나가 되었으며, 이 문서의 표현은 여러 주 헌법에도 나타난다.

버지니아 주의 농장주이자 조지 워싱턴의 이웃인 메이슨은 과도한 세금이 싫었기 때문에 자유라는 사상을 받아들였다. 그는 정치에는 관심이 없었지만 사태의 중요성 때문에 워싱턴의 버지니아 하원의원직을 1775년에서 1780년까지 대신했다(이때는 워싱턴이 대륙군과 함께 나가

---

* 선제후(Kurfürst)는 신성로마제국 황제(독일 왕) 선출에 참여할 권리를 지닌 제후를 말한다. 트리어 대주교, 마인츠 대주교, 쾰른 대주교, 작센 공작, 라인의 팔라틴 백작, 브란덴부르크 변경백, 보헤미아 왕 등 7명의 선제후가 있었다가 나중에 바이에른, 하노버, 헤센카셀의 선제후가 생겼다. 1806년 신성로마제국이 멸망하여 이 직위가 사라졌다.

있었던 때이다). 이때 그는 혼자서 주의 권리선언을 작성했는데, 여기서 그는 기본적인 개인의 권리와 제한된 정부에 대한 믿음을 표명했다. 후일 그는 제헌회의 의원이 되었을 때도 헌법에 권리장전이 빠져 있으므로 그것에 서명하는 것을 거부했다. 그가 권리장전을 계속 옹호한 덕분에 곧 10개조의 수정 조항이 채택될 수 있었다.

버지니아 권리선언의 주장은 독립 선언서에 그대로 반영되어 있다. 물론 제퍼슨(그리고 대륙회의)의 표현이 좀더 우아하지만 말이다. "모든 인간은 자유롭고 독립적인 존재로 평등하게 태어났으며, 고유한 자연권을 가지고 있으며, 어떤 협약으로도 후손에게서 이 권리를 빼앗거나 바꿀 수 없다. 재산을 취득하고 소유하는 수단을 포함해서 생명과 자유의 향유 그리고 행복과 안전을 추구하고 얻을 권리가 거기에 포함된다." 이러한 생각의 힘이 토머스 제퍼슨의 독립 선언서 작업에 영향을 주었을 것이다. 또한 이러한 생각은 다른 많은 주의 헌법에서도 보인다. 실제로 그 표현들은 토머스 제퍼슨의 인위적인 표현보다 더 광범위하게 모방되었다.

'미국 정신의 표현'

토머스 제퍼슨은 독립 선언서를 매우 짧은 시간 안에 썼다. 존 애덤스가 회상하는 것처럼 "우리는 모두 급했다. 대륙회의는 초조했다." 제퍼슨이 독립 선언서를 작성한 과정에 대해서는 알려진 것이 없다. 다만 그는 이렇게 말한 적이 있다. 독립 선언서에 대해 자신은 독창성을 주장하지 않았으며, 대신 그 텍스트가 '미국 정신의 표현'이 되도록 했다는 것이다. 제퍼슨이 그 텍스트를 기초위원회와 대륙회의에 제출했을 때 어떤

이 동판화는 작업하고 있는 기초위원회를 보여준다(벤저민 프랭클린, 토머스 제퍼슨, 존 애덤스, 로 버트 리빙스턴, 로저 셔먼). 위원회 의사록이 남아 있지 않기 때문에 위원회의 활동에 대해서 알려 진 것은 별로 없다.

일이 있었는지를 알아보는 것은 좀더 쉽다.

기초위원회는 1776년 6월 11일 대륙회의에 의해 설치되었는데, 벤 저민 프랭클린이 검토를 위해 초안을 받은 것은 6월 21일 금요일이었고 이때 이미 기초위원회가 검토한 후 초안을 수정해 프랭클린에게 보냈던 것이다. 제퍼슨은 이 과정을 보여주는 메모를 동봉했다. "동봉한 문서는 기초위원회가 읽고 약간의 수정 후에 승인한 것입니다. 프랭클린 박사가 숙독해서 이 주제에 대한 광범위한 견해를 가지고 수정하시겠습니까?" 제퍼슨은 또한 최종 승인을 위해 다음날 문서를 위원회에 되돌려 보낼 것이라고 밝혔다.

프랭클린은 두번째 문단 시작 부분에 중요한 수정을 가함으로써 이를 독립 선언서의 가장 유명한 구절 가운데 하나로 만들었다. 제퍼슨의 원문에는 "우리는 다음의 것을 신성하고 부정할 수 없는 진리라고 생각한다"라고 되어 있었다. 프랭클린은 이를 다음과 같이 바꾸었다. "우리는 다음의 것을 자명한 진리라고 생각한다." 종교적 느낌을 제거하는 것이 계몽사상의 세속화 정신에 부합하는 것이며, 이로 인해 독립 선언서는 신의 은총이 아니라 합리적인 사실의 선언이 되었다.

이 독립 선언서의 초안이 기초위원회 위원들에게 회람되었다. 이 초안은 벤저민 프랭클린이 가한 중요한 수정을 보여준다. 두번째 문단에서 그는 기억될 만한 표현을 내놓았다. "우리는 다음의 것을 자명한 진리라고 생각한다." 프랭클린이 마음에 들지 않는 부분을 골라낼 때 사용하는 분명하고 개성적인 그물 모양의 표시는 인쇄업자로서의 면모를 보여준다.

대륙회의의 초안

기초위원회는 별다른 수정 — '약간의 작은 수정' — 을 가하지 않은 반면 대륙회의는 좀더 적극적으로 빨간 펜을 휘둘렀다. 대륙회의는 제퍼슨의 선언문 초안을 검토하는 데 사흘을 들였다. 공식 기록에 따르면 대륙회의는 7월 2~4일의 사흘 동안 매일 회의의 앞부분과 끝부분에서만 다른 필수적인 사안을 다루고 나머지 시간은 '독립 선언'에 할애했다고 한다. 이 사흘 동안 어떤 일이 있었는지 알 수는 없지만 기초위원회가 승인한 제퍼슨의 초안(이 책의 부록에 실려 있음)과 최종판을 비교해보면 대륙회의가 원본의 약 1/4을 삭제했다는 것을 알 수 있다.

제퍼슨은 대륙회의가 자신의 독립 선언서 초안에 가한 수정에 불만을 가졌다. 하지만 오늘날 가장 유명한 부분인 선언서의 전반부에는 수정이 많지 않았다.

　대륙회의가 수정을 가한 부분은 주로 문서의 후반부였다. 국왕에 대한 불만을 나열한 곳 몇 군데를 수정하여 압축적으로 표현하였다. 첫번째 내용 수정은 노예 무역에 국왕이 참여했다는 고발을 대륙회의가 삭제한 것에서 찾아볼 수 있다. 이것은 신중한 수정이었는데, 왜냐하면 노예 소유주가 식민지에 광범위하게 있었고 그렇게 많은 아메리카인들이 의존하고 있는 관행을 유지하면서 국왕을 비난하는 것은 모순된 일이기 때문이다. 미국 역사의 초기인 이때조차 노예제는 복잡한 쟁점이었다.

　대륙회의는 '영국의 형제들'이라는 문단에 대해서도 단순하고 완화된 표현으로 바꾸는 작업을 했다. 끝으로 마지막 문단도 실질적으로는 다시 씌어졌는데, 리처드 헨리 리가 7월 2일에 연설한 내용의 일부를 포함시켰고 계몽사상가인 제퍼슨이 생략했던 신에 대한 언급을 두 번 더했다.

　제퍼슨은 대륙회의의 수정에 불만이 많아서 그것들을 '불구'라고 말했다. 화가 난 그는 초안의 사본을 만들어 친구들에게 보여주면서 어느 것이 더 나은 판본인지 판단해보라고 했다.

독립 선언서의 구성과 내용

한 사람의 작품이건 위원회의 작품이건 간에 독립 선언서는 산문의 걸작이며, 그래서 그것이 가지는 역사적 중요성 때문만이 아니라 능숙한 솜씨의 수사법 때문에도 기억되고 있다.

독립 선언서는 영국 의회에 대해서는 전혀 언급하고 있지 않은데, 영국 의회가 식민지에 대한 입법권을 가지고 있는가 라는 문제 때문에 영국과의 분규가 발생했다는 점을 상기해볼 때 이는 놀라운 일이다. 도리어 독립 선언서는 군주와의 관계에 초점을 맞추고 있다. 하지만 이것이 이 문서의 극적인 어조를 높여주었고 보편적으로 적용될 수 있는 분위기를 만들어주었다. 의회와의 논쟁을 피함으로써 제퍼슨은 자유를 위한 아메리카의 분투를 세습군주제의 중앙집권적 권력을 거부하는 전세계적인 추세라는 맥락에 분명히 놓을 수 있었다.

여기에 더해 독립 선언서는 아메리카인들이 영국인으로서 누리는 권리를 주장하지 않았다. 예전에는 대영제국에 어떤 선언을 제시할 때 영국인으로서의 권리를 주장했다. 이러한 차이가 독립에 대한 주장을 강화시켰다.

독립 선언서는 다섯 부분으로 이루어져 있다. 도입부(첫 문단)와 전문(가장 유명한 부분)에 이어 본문이 나온다. 본문은 영국 국왕에 대한 불만을 나열하고 '영국의 형제들'에게 후원을 구하는 두 부분으로 이루어져 있고, 끝으로 결론이 나온다.

인류사에서 한 민족이 다른 한 민족과의 정치적 결합을 해체하고 세계 여러 나라 사이에서 자연법과 자연신의 법이 부여한 독립, 평등의 지위를 차지하는 것이 필요하게 되었을 때, 인류의 신념에 대한 온당한 고려 속에서 분리할 수밖에 없는 여러 원인을 선언하지 않을 수 없다.

이 도입부는 아주 일반적인 언어로 구성되었기 때문에 거의 모든 피억압 인민의 상황에 적용될 수 있다. 식민지의 분규라 할 수 있는 것을 세계적인 차원에서 작동하는 원칙의 문제로 고양시킴으로써 이 선언은 갈등을 세계사적인 맥락에 놓는다. 게다가 이 선언은 아메리카인들을 '한 민족'이라고 부름으로써 쟁점이 내전이 아니라 두 개의 분리된 민족 사이의 갈등이라는 점을 분명하게 밝혔다.

우리는 다음의 것을 자명한 진리라고 생각한다. 모든 사람은 평등하게 태어났으며, 조물주로부터 양도할 수 없는 권리를 부여받았다. 그 권리 중에는 생명, 자유, 행복의 추구가 있다. 이 권리를 확보하기 위해 인류는 정부를 조직했으며, 이 정부의 정당한 권력은 인민의 동의로부터 유래한다. 어떠한 형태의 정부이든 이러한 목적을 파괴할 때에는 언제든지 정부를 변혁 내지 폐지하여 인민의 안전과 행복을 가장 효과적으로 가져올 수 있도록 그러한 원칙에 기초를 두고 그러한 형태로 기구를 갖춘 새로운 정부를 조직하는 것은 인민의 권리이다.

전문(前文) —— 혹은 최소한 전문의 전반부 —— 은 독립 선언서 가운데 가장 유명한 부분이다. 제퍼슨은 계몽사상이라는 정부의 원칙을 놓

라울 정도로 경제적이고 우아하게 정리하여 제시하였다. 그러나 동시에 그는 오늘날에는 별로 언급하지 않는 혁명권을 수립하였다.

그는 사회적 현실이 아닌 정치적 이상을 표현하고 있었다. 여성이나 흑인은 이 선언에서 말하는 '양도할 수 없는 권리'를 가지고 있지 않았다. 고도로 계층화된 식민지 사회에서는 가톨릭교도조차 토지를 가지고 있다 하더라도 참정권이 없었다. 그러나 제퍼슨이 독립 선언서에서 표현한 견해는 그의 시대에 나타나는 정치적 담론의 일부였고 사회의 전계층이 그것을 그렇게 받아들였다.

제퍼슨은 이렇게 주장하면서 전문을 끝맺고 있다. "대영제국의 현재 국왕의 역사는 악행과 착취를 되풀이한 역사이며 …… 이러한 사실을 밝히기 위해 다음의 사실을 정직한 세계에 제출하는 바이다."

이 사실은 다음과 같은 불만의 나열로 제시되어 있다. 전체가 28개인 불만은 연대순이 아닌 주제별로 제시되어 있다. 1~12번은 식민지의 법률을 정지시킨다든지 평화시에 상비군을 주둔시킨다든지 하는 행정권력의 남용에 대해 말하고 있다. 13~22번은 불공정한 세금이나 무역 제한과 같은 위헌적인 조치들을 나열하고 있다. 23~27번은 전쟁 도발에 대해 언급하고 있다. 마지막 불만은 국왕이 제출된 청원서에 아무런 반응도 하지 않았다는 것이다.

하나만 예외로 하고 모든 비난은 'He has'로 시작하고 있다——예외는 'He is'로 시작한다. 누가 비난받고 있는지 분명하긴 하지만 모호한 언어로 구성되어 있어서 반박하기 어렵다. 대영제국을 옹호하기 위해서는 이 비난을 논박하기 전에 먼저 이 비난을 규정해야 할 것이고, 실제로 그것은 무죄를 주장하기에 앞서 유죄를 인정하는 꼴이 된다.

게다가 비난이 진행되면서 언어는 더욱 도발적으로 되어 간다. 이 텍스트는 '사실'을 비인격적인 방식으로 제시하는 것으로 시작했다가 점차 감정적으로 변화하여 독자로 하여금 아메리카인과 동일시하도록 만든다. 국왕과 대립하는 것은 언제나 일인칭 복수인 'we' 혹은 'us'이다. 첫번째 불만과 뒷부분에 나오는 불만을 비교해보라.

국왕은 공공선을 위하여 대단히 유익하고 필요한 법률을 허가하지 않았다.

국왕은 우리의 바다에서 약탈을 자행하고 우리의 해안을 습격하고 우리의 도시를 불사르고 우리 주민의 생명을 빼앗았다.
국왕은 가장 야만적인 시대에도 그 유례가 없고 문명국의 원수로는 도저히 어울리지 않는 잔학과 배신의 상황을 만들고, 이와 더불어 이미 착수한 죽음과 황폐와 포학의 과업을 완수하기 위하여 이 시간에도 외국 용병의 대부대를 수송하고 있다.

거의 성서적인 표현과 같은 이 격양된 언어는 독자를 끌어들이기 위한 것이었다. 그것은 아직 혁명에 헌신하지 않은 미국인을 개종하기 위해서일 뿐만 아니라 국외의 여론을 미국의 대의를 지지하는 방향으로 몰아가기 위한 것이기도 했다.

우리는 또한 영국의 형제들에게도 주의를 환기시키는 데 부족함이 없었다. 우리는 영국 의회가 우리를 억압하기 위해 부당한 사법권을 넓히려고 하는 데 대해서도 수시로 경고했다. 우리는 우리가 아메리카로 이주하여 식민을 하게 된 제반 사정을 다시 한번 상기시켰다. 우리는 그들의 타고난 정의감과 아량에도 호소한 바 있다. 그리고 같이 피를 나누고 있다는 것에 호소하여 우리와의 연결과 결합을 결국에는 단절 시키는 것이 불가피한 이러한 탄압을 거부해줄 것을 탄원하기도 했다. 그러나 이들 또한 정의와 혈연의 소리에 귀를 기울이지 않았다. 그러 므로 우리는 우리가 영국에서 독립해야 할 사정을 고발할 필요성을 묵 묵히 받아들이면서 세계의 다른 국민에게 대하듯이 영국인에 대해서 도 전시에는 적으로 평화시에는 친구로 대하지 않을 수 없다는 것을 주장하는 바이다.

종종 '영국의 형제들'이라고 불리는 이 문단은 아메리카인들이 평 화적으로 상황을 개선하려는 방식을 서술하고 있다. 또한 이 다른 부분 과 대조적으로 단문과 두운을 사용하고 있으며, 글이 더욱 인격적으로 되고 있다. 제퍼슨의 원래 문단은 두 배 정도 더 길지만 대륙회의 판본 은 경제적으로 줄임으로써 더욱 힘차게 직접적으로 호소하고 있다.

결론에서는 독립 선언서가 빙 돌아 제자리에 온다. 다시금 첫 부분 에서 보였던 형식적인 언어와 담론으로 돌아오는 것이다. 앞 부분에서 는 한 민족과 다른 한 민족의 '정치적 결합을 해체할' 필요성을 언급하 고 있다. 그리고 결론에서는 아주 단호하게 "[식민지와] 대영제국 사이 의 모든 정치적 관계는 해체되고 또 완전히 그래야만 한다"라고 선언한 다. 그리고 나서 통상과 동맹을 독립적으로 할 국가의 권리를 이야기하 고, 호소문의 인격적인 성격을 드러내는 문장으로 되돌아온다.

이에 우리는 신의 가호를 굳게 믿으면서, 우리의 생명과 재산과 신성한 명예를 걸고 이 선언을 지지할 것을 서로 굳게 맹세하는 바이다.

던랩 브로드사이드

7월 4일 대륙회의가 독립 선언서 내용에 동의하자마자 대륙회의 의장인 존 핸콕은 서기인 찰스 톰슨이 입회한 가운데 선언서 원고에 서명을 했다. 13개 식민지 가운데 12개 식민지만이 동의했는데도 이것이 이루어졌다. 뉴욕 대표는 독립에 찬성하라는 뉴욕 의회의 승인을 아직 받지 못했던 것이다.

던랩 브로드사이드는 독립 선언서 텍스트가 대륙회의에 의해 승인된 이후 존 핸콕의 지시에 따라 인쇄되었다. 서명되고 장식된 판본과 달리 이 인쇄본에는 '만장일치 선언'이라는 표제어가 없었다. 왜냐하면 뉴욕 대표가 주 의회의 지시를 기다리느라 투표에 불참했기 때문이다. 던랩 브로드사이드에는 대륙회의의 공식 선언서라는 점을 감안하여 대륙회의 의장인 존 핸콕과 서기인 찰스 톰슨의 이름만 들어 있다.

기초위원회의 최종 책임은 독립 선언서를 인쇄하고 배포하는 것이었다. 이들은 필라델피아의 유력한 인쇄업자인 존 던랩에게 갔다. 아일랜드 태생의 던랩은 열 살 때 필라델피아에 도착해서 인쇄소를 소유하고 있던 삼촌의 도제가 되었다. 21살이 되었을 때 그는 자기 사업을 시작했다. 1778년 그는 대륙회의의 공식 인쇄업자가 되어 제헌회의에서 사용할 헌법 초안을 인쇄했다. 후일 그는 미국 최초의 일간 신문 『펜실베이니아 패킷』을 발행하게 된다.

7월 4일 밤 동안 던랩은 독립 선언서를 200~500부 정도 인쇄했고, 이 판본은 던랩 브로드사이드라고 알려지게 된다. 대륙회의 의원들은 이 인쇄본을 받아 자신의 주로 가져갔으며 대륙군의 지휘관들도 이를 받았다. 조지 3세가 받은 것도 던랩 브로드사이드였다.

오늘날 던랩 브로드사이드는 25부만이 남아 있다. 대부분은 문서고와 도서관에 있으며 다섯 부는 개인이 소장하고 있다. 마지막 것은 2000년 경매에 부쳐져 814만 달러에 팔렸다.

서명자

독립 선언서에 서명하는 것은 용감한 행동이었다. 실제 서명하는 것은 대역 행위였으며, 독립이 실패로 돌아갈 경우 서명자는 목숨을 내놓아야 했다. 서명 후에 그들은 안전을 위해 6개월 동안 이름을 발표하지 않기로 합의했다. 따라서 56명의 서명자의 이름이 들어 있는 독립 선언서의 공식 판본은 1777년 1월이 되어서야 발표되었다. 고다드 브로드사이드라고 알려진 이 판본은 메리 캐서린 고다드에 의해 필라델피아에서 인쇄되었으며, 현재 아홉 부만이 남아 있다. 고다드 브로드사이드를 통해 서명자 이름이 처음으로 알려지게 된 것이다.

오늘날 대중적으로 퍼져 있는 믿음과 달리 독립 선언서는 1776년 7월 4일에 서명되지 않았다. 늦어진 한 가지 이유는 7월 19일까지 독립 선언서가 만장일치의 동의를 받지 못했기 때문인데, 이 날이 되어서야 비로소 뉴욕 의회가 대표들에게 독립에 동의할 것을 허락했다. 투표는 대표 개개인이 아닌 주 대표단의 만장일치로 이루어졌는데, 일부 대륙 회의 의원은 기권하거나 독립 선언서에 반대 투표를 하였다. 후일 이들 가운데 일부, 예를 들어 (반대 투표를 했던) 델라웨어 주의 조지 리드와 (기권했던) 펜실베이니아 주의 로버트 모리스는 서명했다.

독립 선언서는 필라델피아 주 의사당 회의실에서 서명되었다. 이 의사당은 오늘날 독립 기념관이 되었다. 1776년 8월 2일 대부분의 서명자들이 직접 참석했으며, 참석할 수 없는 사람들을 위한 자리를 남겨 두었다.

투표가 만장일치로 끝나자 대륙회의는 서명을 위해 정서한 판본을 준비했는데, 여기에는 '아메리카 13개 연합 주의 만장일치 선언'이라는 제목이 달려 있다. '정서한 판본'이란 양피지에 손으로 쓴 공식 문서를 가리킨다. 이를 쓴 사람은 아마 찰스 톰슨의 보좌관인 펜실베이니아 주 출신의 토머스 매트랙일 것이다. 그는 예전에 조지 워싱턴을 대륙군 장군으로 임명하는 위임장을 쓴 적이 있다. 이 문서의 역사적 중요성을 인식한 그들은 미국에 있는 유대교 율법학자의 조언을 받아 오래 보존되는 잉크를 사용했다. 매트랙이 이 과정을 끝낸 것은 8월 2일이었다.

8월 2일 대부분의 서명자들이 필라델피아 주 의사당 회의장에 모였다. 대륙회의 의장인 존 핸콕이 맨 먼저 서명했는데, 굵은 글씨체의 그의 서명은 텍스트 아래 중앙에 있다. 핸콕은 반항의 표시로 서명을 크

대륙회의 의장이었던 존 핸콕은 독립 선언서에 첫번째로 서명했다. 그의 우아하고 뚜렷한 서명은 오늘날에도 쉽게 눈에 띈다.

게 했다고 한다. 조지 3세가 시력이 좋지 않았기 때문에 핸콕은 그가 돋보기를 쓰지 않고도 보일 정도로 크게 썼다는 농담을 했다. 서명을 한 그는 이렇게 말했다. "다른 길은 없을 것입니다. 우리 모두 교수형에 처해질 것입니다." 그러자 벤저민 프랭클린이 이 말을 이렇게 받았다. "그렇습니다. 우리는 교수형에 처해질 것입니다. 그런데 더욱 분명한 것은 각자가 따로따로 매달릴 것이라는 점입니다."

대륙회의의 다른 회원들이 주의 순서대로 서명했는데, (가장 북쪽의) 뉴햄프셔 주가 오른쪽 명단의 맨 위를 차지했으며 (가장 남쪽인) 조지아 주가 왼쪽 아래를 차지했다. 그리고 이 모임에 참석하지 못한 대륙회의 의원들을 위해 공간을 남겨 두었다(뉴햄프셔 주의 매튜 손턴의 경우 자기 이름을 적어 넣을 공간이 부족해서 다른 곳에 서명해야 했다). 이러저러한 이유로 8월 2일의 기념식에 참석하지 못한 대의원들이 있었다. 예를 들어 코네티컷 주의 올리버 월컷과 델라웨어 주의 토머스 매킨은 군대에 있었다.

대륙회의의 일부 의원들은 이 문서에 서명하지 않았다. 예를 들어

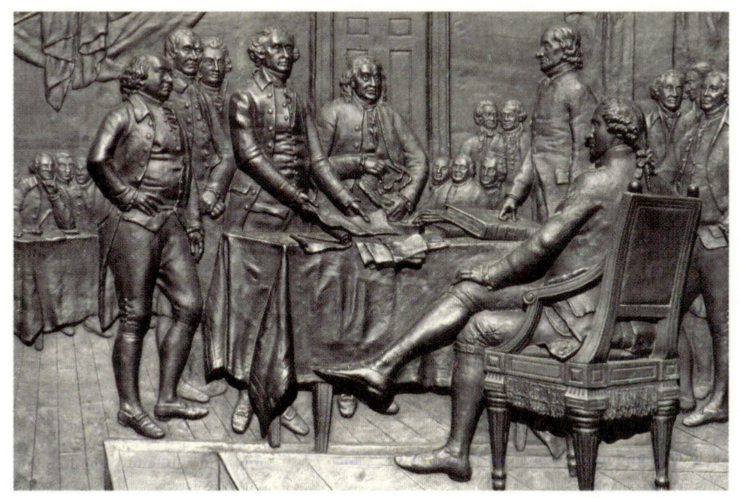

벤저민 프랭클린이 독립 선언서에 서명하고 있다. 이 부조는 보스턴의 옛 시청에서 세운 프랭클린 동상의 네 받침대 가운데 하나이다.

뉴욕 주의 로버트 R. 리빙스턴은 기초위원회 위원이었지만 독립 선언서가 너무 일찍 발표되었다고 생각해서 서명하지 않았다. 펜실베이니아 주의 존 디킨슨——「무기」의 저자 가운데 한 사람으로 존경받았다——은 타협의 희망을 버리지 않았다. 그가 주장해서 조지 3세에게 보내는 「올리브 브랜치 진정서」가 만들어진 적이 있는데, 이는 쓸데없는 짓이었다. 디킨슨은 이렇게 유보적이긴 했지만 조지 워싱턴 군대에 들어가 펜실베이니아 민병대의 준장이 되었다.

서명자들은 공무에 헌신한 고위층 집단이었다. 서명할 당시 그들은 평균 45세의 젊은 나이여서 앞날이 창창한 사람들이었다. 벤저민 프랭클린이 70세로 가장 나이가 많았고, 토머스 린치는 겨우 27살이었다.

그들 중 많은 사람이 중앙 정치에 참여하였다. 토머스 제퍼슨과 존

독립 선언서 서명자 가운데 한 사람인 메릴랜드 주 캐럴 턴의 찰스 캐럴은 미국에서 가장 부유한 사람이었다.

애덤스는 부통령을 거쳐 대통령이 되었고, 엘브리지 게리는 부통령이 되었다. 여섯 명의 서명자—로저 셔먼, 로버트 모리스, 벤저민 프랭클린, 조지 클라이머, 제임스 윌슨, 조지 리드—는 미합중국 헌법에도 서명했다(게리는 연방의회에 참석하긴 했지만 헌법에 서명하는 것은 거부했다). 일곱 명은 하원에 들어갔으며, 여섯 명은 상원의원이 되었다. 제임스 윌슨과 새뮤얼 체이스는 미합중국 대법원 법관이 되었다. 주 차원에서는 15명의 서명자가 주 제헌회의에 참여했으며, 13명은 주 지사가 되었고, 18명은 주 입법부에 들어갔으며, 16명은 주 법관과 연방 법관이 되었다.

그들은 모두 전문직에 종사하거나 농장을 소유한 지주로, 미국 엘리트의 일원이었으며—메릴랜드 주의 찰스 캐럴이 미국에서 가장 부유한 사람이었다—대다수가 교육 받은 사람들이었다. 일곱 명은 하버드대학에서, 네 명은 예일대학과 윌리엄&메리대학에서, 세 명은 프린스턴대학에서 공부했다. 윌리엄&메리대학의 교수인 조지 위스는 토머스 제퍼슨에게 법률을 가르친 사람 가운데 하나였다. 다섯 명의 서명자는 고등교육기관 설립을 후원했다. 벤저민 프랭클린은 펜실베이니아대학을, 토머스 제퍼슨은 버지니아대학을, 벤저민 러시는 디킨슨대학을, 루이스 모리스는 뉴욕대학을, 조지 월튼은 조지아대학을 세우는 데 힘을 보탰다.

서명자 가운데 17명은 대륙군에도 참가하여 그중 다섯 명이 전쟁 동안 영국군에 포로로 잡혔다. 서명자 가운데 아홉 명은 전쟁중에 사망하였다. 다른 이들도 영국군의 목표가 되었으며, 그 가족들도 마찬가지였다. 델라웨어 주의 토머스 매킨은 그가 전쟁 내내 '사냥당하는 여우'였다고 썼다. 12명의 서명자는 전쟁 동안 집과 재산을 약탈당했다.

이 선언서는 1823년 윌리엄 스톤이 동판인쇄한 것이다. 원래의 양피지본—펜실베이니아 주의 매트랙이 던랩 브로드
사이드의 텍스트를 필사한 것—은 잉크가 꽤 바랜 상태였다.

아메리카 13개 연합 주의 만장일치 선언

인류사에서 한 민족이 다른 한 민족과의 정치적 결합을 해체하고 세계의 여러 나라 사이에서 자연법과 자연신의 법이 부여한 독립, 평등의 지위를 차지하는 것이 필요하게 되었을 때, 인류의 신념에 대한 온당한 고려 속에서 분리할 수밖에 없는 여러 원인을 선언하지 않을 수 없다.

우리는 다음의 것을 자명한 진리라고 생각한다. 모든 사람은 평등하게 태어났으며, 조물주로부터 양도할 수 없는 권리를 부여받았다. 그 권리 중에는 생명, 자유, 행복의 추구가 있다. 이 권리를 확보하기 위해 인류는 정부를 조직했으며, 이 정부의 정당한 권력은 인민의 동의로부터 유래한다. 어떠한 형태의 정부이든 이러한 목적을 파괴할 때에는 언제든지 정부를 변혁 내지 폐지하여 인민의 안전과 행복을 가장 효과적으로 가져올 수 있도록 그러한 원칙에 기초를 두고 그러한 형태로 기구를 갖춘 새로운 정부를 조직하는 것이 인민의 권리이다. 오랜 역사를 가진 정부를 천박하고도 일시적인 이유 때문에 변경해서는 안 된다는 것을 인간의 현명함이 가르쳐주고 있으며, 인간에게는 이미 관습화된 형식을 폐지하면서 악폐를 시정하기보다는 그 악폐를 참을 수 있는 데까지 참는 경향이 있다는 것을 경험이 보여준다. 그러나 오랜 기간에 걸친 학대와 착취가 변함없이 동일한 목적을 추구하고 인민을 절대전제정치 아래 예속시키려는 계획을 분명히 했을 때에는, 이와 같은 정부를 타도하고 미래의 안전을 위해 새로운 보호자를 마련하는 것이 그들의 권리이자 의무인 것이다. 이와 같은 것이 지금까지 식민지가 견뎌온 고통이었고, 이제야 종래의 정부를 변혁해야 할 필요성이 바로 여기에 있는 것이다. 대영제국의 현재 국왕의 역사는 악행과 착취를 되풀이한 역사이며, 그 목적은 직접 이 땅에 절대전제정치를 세우는 데 있었다. 이를 증명하기 위해 다음의 사실을 정직한 세계에 제출하는 바이다.

국왕은 공공선을 위하여 대단히 유익하고 필요한 법률을 허가하지 않았다.

국왕은 긴급히 요구되는 중요한 법률이라도 자신이 동의하지 않으면 시행해서는 안 된다고 식민지 총독에게 명령했다. 이렇게 하여 시행이 안된 법률을 국왕은 다시는 고려하지 않았다.

국왕은 인민에게는 더할 나위 없는 권리이며 오직 전제 군주에게만 두려운 권리인 입법부에서의 대의권을 포기하지 않는다면 광대한 선거구를 조정하는 법률을 허가할 수 없다고 했다.

국왕은 우리를 괴롭혀 결국 그의 정책에 복종시키기 위해 공문서 보관소에서 멀리 떨어진 유별나고 불편한 장소에 입법기관을 두고 동시에 소집했다.

국왕은 인민의 권리를 침해한 데 대하여 하원이 단호하게 반발하면 몇 번이고 계속해서 하원을 해산했다.

국왕은 하원을 이렇게 해산한 뒤 오랫동안 대표의 선출을 허가하지 않았다. 그러나 입법권이라는 것은 완전히 폐지할 수는 없으므로 입법권은 결국 인민 일반에게 돌아와 다시 행사되었지만, 그동안에 식민지는 내우외환의 온갖 위험에 직면하지 않을 수 없었다.

국왕은 식민지의 인구를 억제하는 데에도 힘을 썼다. 이를 위하여 외국인 귀화법에 반대했고 외국인의 이주를 장려하는 법률도 허가하지 않았으며 토지를 새로이 취득하는 데에도 여러 가지 조건을 붙여 까다롭게 했다.

국왕은 사법권을 수립하는 데 대한 법률을 허가하지 않음으로써 사법행정에도 반대했다.

국왕은 판사의 임기, 봉급의 액수와 지불에 관해 오로지 국왕의 의사에만 따르도록 했다.

국왕은 우리 인민을 괴롭히고 인민의 재산을 축내기 위해 수많은 새로운 관직을 만들고 수많은 관리를 식민지에 보냈다.

국왕은 평화시에도 우리의 입법기관의 동의 없이 상비군을 주둔시켰다.

국왕은 군부를 문민의 통제에서 독립시켜 우위에 놓으려 했다.

국왕은 다른 기관과 결탁하여 우리의 헌정이 인정하지 않고 우리의 법률이 승인하지 않은 사법권에 예속시키려 했고, 식민지에 대하여 입법권을 주장하는 영국 의회의 여러 법률을 허가했다. 즉,

대규모 군대를 우리 사이에 주둔시키고,

군대가 우리 주민을 살해해도 기만적인 재판을 통해 이들이 처벌받지 않도록 하고,

우리와 전세계의 무역을 차단하고,

우리의 동의 없이 세금을 부과하고,

수많은 사건에서 배심 재판을 받는 혜택을 박탈하고,

허구적인 범죄를 재판하기 위해 우리를 본국으로 소환하고,

우리와 인접한 식민지에서 영국의 자유로운 법률 제도를 철폐하여 전제적인 정부를 수립하고, 다시 그 영역을 넓혀 이 식민지에도 그 정부와 동일한 절대적 통치를 도입하는 적절한 수단으로 삼고,

우리의 특허장을 박탈하고 우리의 귀중한 법률을 철폐하고 우리의 정부 형태를 변경하고,

우리 입법기관의 기능을 정지시키고, 어떠한 경우든 우리를 대신하여 법률을 제정할 수 있는 권한이 있다고 선언했다.

국왕은 우리를 그의 보호 밖에 둔다고 선언하고 우리에게 전쟁을 벌임으로써 식민지에 대한 통치를 포기했다.

국왕은 우리의 바다에서 약탈을 자행하고 우리의 해안을 습격하고 우리의 도시를 불사르고 우리 주민의 생명을 빼앗았다.

국왕은 가장 야만적인 시대에도 그 유례가 없고 문명국의 원수로는 도저히 어울리지 않는 잔학과 배신의 상황을 만들고, 이와 더불어 이미 착수한 죽음과 황폐와 포학의 과업을 완수하기 위하여 이 시간에도 외국 용병의 대부대를 수송하고 있다.

국왕은 해상에서 포로가 된 우리 동포 시민에게 그들이 사는 식민지에 대해 무기를 들거나 우리의 벗과 형제의 사형을 집행하거나 그렇지 않으면 그들의 손에 죽기를 강요했다.

국왕은 우리 사이에 내란을 선동했고, 변경의 주민에 대해서는 연령, 남녀, 신분의 여하를 막론하고 무차별로 살해하는 것이 전쟁의 규칙인 무

자비한 인디언의 위협 아래 두려고 했다.

이러한 탄압을 받을 때마다 우리는 겸손한 언사로 시정을 탄원했다. 그러나 여러 차례의 진정에 대하여 돌아온 것은 여러 차례의 박해에 지나지 않았다. 이와 같이 모든 행동에서 그 성격이 폭군이라는 정의를 내리지 않을 수 없는 국왕은 자유로운 인민의 통치자로서 적합하지 않다.

우리는 또한 영국의 형제들에게도 주의를 환기시키는 데 부족함이 없었다. 우리는 영국 의회가 우리를 억압하기 위해 부당한 사법권을 넓히려고 하는 데 대해서도 수시로 경고했다. 우리는 우리가 아메리카로 이주하여 식민을 하게 된 제반 사정을 다시 한번 상기시켰다. 우리는 그들의 타고난 정의감과 아량에도 호소한 바 있다. 그리고 같이 피를 나누고 있다는 것에 호소하여 우리와의 연결과 결합을 결국에는 단절시키는 것이 불가피한 이러한 탄압을 거부해줄 것을 탄원하기도 했다. 그러나 이들 또한 정의와 혈연의 소리에 귀를 기울이지 않았다. 그러므로 우리는 우리가 영국에서 독립해야 할 사정을 고발할 필요성을 묵묵히 받아들이면서 세계의 다른 국민에게 대하듯이 영국인에 대해서도 전시에는 적으로 평화시에는 친구로 대하지 않을 수 없다는 것을 주장하는 바이다.

이에 아메리카 연합 주의 대표들은 전체 회의를 통해 우리의 공정한 의도를 세계의 최고 심판에 호소하는 바이며, 이 식민지의 선량한 인민의 이름과 그 권한으로 엄숙히 발표하고 선언하는 바이다. 이 연합 식민지는 자유롭고 독립된 국가이며, 또 마땅히 그래야만 한다. 이 국가는 영

국의 왕권에 대한 모든 충성의 의무를 벗으며, 대영제국과의 모든 정치
적 관계는 해체되고 또 완전히 그래야만 한다. 따라서 이 국가는 자유롭
고 독립된 국가로서 전쟁을 수행하고 평화를 체결하고 동맹 관계를 협
정하고 통상 관계를 수립하여 독립국가가 당연히 해야 할 모든 행동과
사무를 할 수 있는 완전한 권리를 가지고 있는 바이다. 이에 우리는 신
의 가호를 굳게 믿으면서, 우리의 생명과 재산과 신성한 명예를 걸고 이
선언을 지지할 것을 서로 굳게 맹세하는 바이다.

독립 선언서 서명자의 초상을 서명과 함께 재구성한 이 화려한 석판화는 1874년에 만들어졌다. 이때에는 미국에서
독립 선언서가 다시금 주목을 받았다.

56명의 서명은 다음과 같은 위치로 되어 있다(74쪽 도판 참조).

첫째 단

조지아 주

버튼 그위넷

라이먼 홀

조지 월튼

둘째 단

노스캐롤라이나 주

윌리엄 후퍼

조셉 휴즈

존 펜

사우스캐롤라이나 주

에드워드 러틀리지

토머스 헤이워드 2세

토머스 린치 2세

아서 미들턴

셋째 단

매사추세츠 주

존 핸콕

메릴랜드 주

새뮤얼 체이스

윌리엄 파카

토머스 스톤

찰스 캐럴

버지니아 주

조지 위스

리처드 헨리 리

토머스 제퍼슨

벤저민 해리슨

토머스 넬슨 2세

프랜시스 라이트풋 리

카터 브랙스턴

넷째 단

펜실베이니아 주

로버트 모리스

벤저민 러시

벤저민 프랭클런

존 모턴

조지 클라이머

제임스 스미스

조지 테일러

제임스 윌슨

조지 로스

델라웨어 주

시저 로드니

조지 리드

토머스 매킨

다섯째 단

뉴욕 주

윌리엄 플로이드

필립 리빙스턴

프랜시스 루이스

루이스 모리스

뉴저지 주

리처드 스톡턴

존 위더스푼

프랜시스 홉킨슨

존 하트

에이브러햄 클라크

여섯째 단

뉴햄프셔 주

조시아 바틀릿

윌리엄 휘플

매사추세츠 주

새뮤얼 애덤스

존 애덤스

로버트 트리트 페인

엘브리지 게리

로드아일랜드 주

스디븐 홉킨스

윌리엄 엘러리

코네티컷 주

로저 셔먼

새뮤얼 헌팅턴

윌리엄 윌리엄스

올리버 윌컷

뉴햄프셔 주

매튜 손턴

MANIFESTO

WORDS
THAT
CHANGED
THE WORLD

Immediate Impact

당대에 미친 영향

이 독립 선언서를 지키고 이 국가를 뒷받침하고 방어하기 위해 얼마나 많은 노고와 피와 재화가 들어갈지 나는 잘 알고 있습니다. 하지만 캄캄한 어둠 속에서도 나는 황홀한 빛과 영광이 빛나는 것을 볼 수 있습니다. 나는 그 어떤 수단보다도 목적이 더 가치가 있다는 것을 알 수 있습니다. 그리고 후손들은 그것이 성취되는 날에 승리할 것입니다.

—존 애덤스가 부인 애비게일에게 보낸 편지(1776년 7월 2일)

던랩 브로드사이드 인쇄본은 인쇄기에서 나오자마자 식민지 전역으로 배달되었는데 유명한 정치가, 공동체 지도자, 종교 지도자가 직접적인 수취인이었다. 대륙회의 의장인 존 핸콕은 수취인에게 "당신이 생각하는 가장 적절한 방식으로 당신이 살고 있는 식민지에서 이것을 선언할 것을 요청한다"라는 편지를 덧붙였다. 이외에 조지 워싱턴에게도 독립 선언서 인쇄본을 전달하여 대륙군에 복무하는 군인들이 읽을 수 있도록 했다.

그 목표는 소식을 전파하는 것만이 아니라 식민지 전역의 미국인들이 전쟁 수행을 후원하도록 고무하고 동기를 부여하는 데도 있었다. 특히 워싱턴 등은 독립 선언서의 발표로 더 많은 사람들이 입대하기를 희망했다. 두 나라 사이의 관계가 교전중인 것으로 명확히 규정되었기 때문에 입대가 더 이상 영국 정부에 대한 반역 행위가 아니었다. 영국은 직업 군인을 가지고 있었고 용병 이외에도 5만 명의 군인을 소집할 수 있었지만, 미국은 전쟁 경험이 별로 없는 5천 명 이하의 군인만을 가지고 있었고 소규모 주 민병대가 더 있었을 뿐이었다.

"당신이 생각하는 가장 적절한 방식으로 당신이 살고 있는 식민지에서 이것을 선언할 것을 요청한다."
존 핸콕의 요청에 따라 조지 워싱턴은 뉴욕에 주둔하고 있던 자신의 부대에서 독립 선언서를 낭독했다.
이곳은 영국군이 그 소리를 들을 수 있는 거리에 있었다. 워싱턴은 독립 선언서의 발표로 더 많은 사람
들이 군대에 입대하기를 희망했으며, 식민지 전역의 미국인들이 고무되어 전쟁 수행의 후원자가 되기를
바랐다.

공적 축하 행사

독립이라는 말과 독립 선언서의 내용은 아주 빠르게 확산되었다. 독립 선언서를 처음으로 게재한 신문은 7월 6일자 『펜실베이니아 이브닝 포스트』였으며, 다른 잡지와 신문이 곧 뒤를 따랐다. 7월 말까지 30개 이상의 신문이 독립 선언서 전문(全文)을 실었다. 독립 선언서는 펜실베이니아 주에 있는 독일 신문에 독일어로 번역되어 실리기도 했다(이 번역은 유럽의 독일 신문에 실린 최초의 것이기도 하다). 일부 신문은 독립 선언서의 주요 부분만을 실었으며, 어떤 신문은 공적으로 게재되는 포스터를 만들 듯이 독립 선언서에 전면을 할애하기도 했다.

주의 관리들은 이 소식을 가장 잘 전파할 수 있는 방법이 독립 선언서를 공식적으로 낭독하는 것이라는 데 동의했다. 첫번째 낭독이 펜실베이니아 주의 필라델피아와 이스턴, 뉴저지 주의 트렌턴에서 있었다. 7월 9일에는 조지 워싱턴이 뉴욕에 있는 군대에서 독립 선언서를 낭독하라는 명령을 내렸다. 이곳은 영국군이 쉽게 들을 수 있는 위치였다. 독립 선언서가 식민지 전역과 국외로 전파되면서 공적인 낭독은 8월까지 계속되었다. 그리고 이것은 낭독하기 좋은 것이었다. 제퍼슨은 독립 선언서를 작성할 때 공적인 낭독을 염두에 두었던 것 같은데, 그가 작성한 초고에는 낭독자를 위한 것으로 보이는 표시가 있다.

공적 낭독은 예외 없이 축제 속에서 이루어졌으며 퍼레이드, 콘서트, 총포 발사, 불꽃놀이 등이 벌어졌다. 『버지니아 가제트』의 보도에 따르면 "선언서와 기타 행렬은 열렬한 환영을 받았다." 열광한 군중은 국왕 조지 3세의 초상이나 영국 국기와 같이 영국과 연관된 이미지들을 파괴했다. 뉴욕에서는 조지 3세의 기마상이 군중에 의해 파괴되었고,

1876년에 있었던 100주년 기념일에 독립 선언서는 전국에서 낭독되었다. 이 행사는 미네소타에서 거행된 것이다.

거기 들어 있던 납은 후일 총탄을 만드는 데 쓰였다.

독립은 의심할 바 없이 축하할 일이었다. 1776년 7월 2일 존 애덤스는 부인 애비게일에게 보내는 편지에서 대륙회의가 독립을 선언한 날은 영원히 축하받을 것이라고 말했다.

나는 이것이 후일 세대들이 매년 벌일 거대한 축제가 될 것이라고 믿습니다. 그것은 전지전능하신 신에게 헌신하는 날로 기념되어야 합니다. 그것은 지금부터 영원까지, 이 대륙의 이쪽 끝에서 저쪽 끝까지 쇼, 게임, 스포츠, 총, 종, 모닥불, 화려한 그림이 어우러진 화려한 퍼레이드로 기념되어야 합니다.

존 애덤스는 생애 내내 기념 행사가 7월 4일(독립 선언서 텍스트가 승인된 날)이 아닌 7월 2일(독립이 선언된 날)에 개최되어야 한다고 주장했다.

그러나 애덤스는 독립 기념일이 선언서가 승인된 날인 7월 4일이 아니라 대륙회의에서 투표를 한 7월 2일이라고 믿었다. 그는 나이가 들어서까지 이런 견해를 갖고 있어 기념식이 잘못된 날짜에 열린다는 이유로 종종 초청을 거부하기도 했다.

다음해 필라델피아에서는 대륙회의가 독립 선언서를 승인한 날인 7월 4일에 처음으로 미국 독립 기념식이 거행됐다. 대륙회의는 전쟁에 몰두하고 있었기 때문에 기념식을 열 계획이 없었다. 실제로 의원들은 7월 2일까지 이날의 중요성을 알아차리지 못했기 때문에 어떤 일을 하기에는 시간이 없었다.

이렇듯 최초의 미국 독립 기념식이 7월 4일에 열린 것은 우연이었다. 하지만 다음해가 되면 7월 4일 기념식이 이미 자리잡게 된다. 1778년 그날 조지 워싱턴은 독립을 기념하기 위해 병사들에게 평소 두 배 분량의 럼주를 지급했고, 존 애덤스와 벤저민 프랭클린은 국외에 있는 미국인을 위해 파리에서 만찬을 열었다. 1781년 매사추세츠 주는 이날을 공식 기념일로 지정한 최초의 주가 되었다. 독립 기념일이 공식적인 연방 휴일이 된 것은 1941년이다.

수년에 걸쳐 독립 기념일 행사가 전국에서 벌어지면서 7월 4일이 독립 자체가 이루어진 날이 아니라 독립 선언서를 기념하는 날이라는 사실은 잊혀져 갔다. 공적 낭독은 연례 행사에서 별다른 역할을 하지 못

19세기 중반이 되면 7월 4일 행사는 아주 화려한 것이 되었다. 여기서 볼 수 있는 것은 1853년 매사추세츠 주 보스턴의 패뉴얼홀에서 열린 지방 정부의 공식 행사이다.

했고, 퍼레이드·연설·축배가 그 자리를 대신했다. 7월 4일에 독립 선언서를 낭독하는 전통은 1812년 전쟁이 끝나고 나서야 시작되었고, 이때 불꽃놀이와 장대한 야외극을 하는 연례 기념 행사가 일반화되었다.

독립 선언서의 수호

전쟁기 내내 대륙회의는 안전한 장소를 찾아 이동했고, 이에 따라 독립 선언서가 정서된 판본도 함께 움직였다. 초기 전황은 미국군에게 별로 유리하지 않아서 대륙회의는 1776년 12월 필라델피아에서 볼티모어로 옮겨야 했다. 1777년 3월에 필라델피아로 돌아오긴 했지만 그 해 여름 영국군이 이곳으로 진격해옴에 따라 대륙회의는 오래 머물지 못했다.

존 버고인 장군이 이끄는 영국군은 수도 적었고 장비도 보잘 것 없었기 때문에 미국인의 완강한 저항을 물리칠 수 없었다. 1777년 10월 그는 뉴욕의 새러토가에서 항복했다. 이것은 영국군의 심각한 후퇴를 의미했다.

결국 필라델피아는 9월 26일에 점령당했고, 대륙회의는 다시 이동해야 했다. 9월 25일 하루 동안 펜실베이니아 주의 랭커스터에 있었던 대륙회의는 결국 펜실베이니아 주의 요크로 옮겨갔고 1777년 9월 27일부터 1778년 6월까지 그곳에 있었다.

그러나 버고인 장군이 이끌던 영국군은 1777년 10월 북부의 새러토가에서 커다란 패배를 당했다. 전쟁의 추세를 감지한 영국 정부는 미국인들에게 1763년의 상태로 돌아가자고 제안했다. 그것은 식민지에 자율적 지위를 부여하고 영국이 과세하지 않으며 미국의 상업에 해가 되는 법률을 철폐하고 상비군을 주둔시키지 않는다는 것이었다.

파리 주재 미국 대사인 벤저민 프랭클린은 영국의 제안을 받아들일 생각이 없었다. 왜냐하면 그는 완전한 독립을 얻으려 했기 때문이다.

위 그림에서 볼 수 있듯이 대륙회의는 가까이서 전투가 벌어지자 필라델피아의 주 의사당에 있는 본부에서 도망칠 수밖에 없었다. 독립 선언서도 정부와 함께 안전한 장소로 옮겨졌다.

그러면서 그는 영국의 제안을 이용하여 프랑스를 미국 편으로 끌어들이려 하였다. 미국과 영국이 새로운 동맹 관계에 들어갈 경우 오랜 경쟁국인 영국이 원기를 회복할까 우려한 프랑스는 결국 공식적으로 미국을 지원하기로 했다. 1778년 2월 6일 프랭클린은 루이 16세의 정부와 상업 조약, 군사 동맹 등 두 개의 조약을 맺었다(실제로 이것은 1949년 나토조약*을 맺기 전까지 미국이 맺은 유일한 군사 동맹이다). 이런 방식으로 독립 선언서는 목적 가운데 하나를 얻었다. 즉 "동맹 관계를 협정하

* 1949년 미국과 서유럽 주요 나라들이 맺은 군사 동맹인 NATO(북대서양조약기구) 설치 조약. 제2차 세계대전 이후 냉전이 격화되는 가운데 1848년 서유럽 5개국(영국, 프랑스, 벨기에, 네덜란드, 룩셈부르크)이 집단적 자위를 위해 브뤼셀조약을 맺었고, 여기에 미국, 캐나다, 노르웨이, 덴마크, 아이슬란드, 포르투갈, 이탈리아 등이 참가하여 북대서양 조약을 맺었다. 이후 더 많은 유럽 나라가 참가하였고, 냉전 종식 후에는 동유럽 국가들도 참여하고 있다.

고 통상 관계를 수립하여 독립국가가 당연히 해야 할 모든 행동과 사무를 할 수 있는 완전한 권리를 가지게" 된 것이다.

이 조약으로 인해 전황이 급격하게 바뀌었다. 프랑스를 자기 편으로 만든 미국은 에스파냐의 후원도 받게 되었고, 이어 네덜란드와 러시아 등도 이 먼 곳에서 벌어지는 분규에 끼어들게 되었다. 이제 전장은 동쪽으로 인도까지, 북쪽으로 캐나다까지, 남쪽으로는 카리브해까지 확장되었고, 영국은 외교적으로 고립되었을 뿐만 아니라 군사적으로도 큰 부담을 지게 되었다.

1778년 봄이 되면 영국군은 전열을 가다듬기 위해 필라델피아를 떠나 뉴욕으로 갔고, 이에 따라 대륙회의는 독립 선언서와 함께 필라델피아로 돌아올 수 있었다. 대륙회의는 이후 전쟁의 나머지 기간 동안 그곳에 안전하게 머물 수 있었다. 미국 땅에서 벌어진 독립전쟁 최후의 전투는 1782년 11월 10일에 벌어졌다.

파리조약

영국과의 전쟁을 공식적으로 종결한 1783년의 파리조약으로 독립 선언서는 영국으로부터의 독립이라는 핵심적인 목표를 획득했다. 대륙회의가 독립 선언서를 통과시키고 그러한 결정을 전세계에 알린 것은 7월 2일이지만 그것으로 아메리카 식민지가 실질적으로 독립한 것은 아니었다. 1776년 영국 철학자 제레미 벤담이 쓴 적대적인 글 「독립 선언서에 대한 촌평」에서 볼 수 있듯이, "그들과 우리가 맺고 있는 관계가 해체되었다고 말하는 것과 그것이 해체된 것은 다른 문제이다. …… 독립을 선언하는 것은 쉬운 일이지만 그것을 실제로 획득하는 것은 어려운 일이다." 영국과 조약을 맺기 전까지는 독립이 공식적으로 부여된 것도, 국제법상으로 인정된 것도 아니었다.

벤저민 프랭클린, 존 애덤스, 뉴욕의 존 제이(두 차례 대륙회의 대표였지만 독립 선언서에 서명하지는 않았다) 등이 미국측의 주요 협상단이었다. 논의는 매우 길고 힘들었고, 특히 영국이 프랑스, 에스파냐와 조약을 맺을 때 그러했다. 미국은 프랑스에 대해 독자적으로 협상하지 않겠다고 약속했지만 프랭클린, 애덤스, 제이는 대담하게도 동맹과 관계없이 독자적으로 협상하기로 결정했다. 미국의 독립이라는 쟁점에 대해서는 별다른 이견이 없었다. 모든 협상 당사자가 그것을 당연한 것으로 인정했다.

제1조 - 영국 국왕 폐하는 앞서 말한 합중국, 즉 뉴햄프셔, 매사추세츠만, 로드아일랜드와 프로비던스 농장, 코네티컷, 뉴욕, 뉴저지, 펜실베이니아, 메릴랜드, 버지니아, 노스캐롤라이나, 사우스캐롤라이나, 조지아 등이 자유로운 주권을 가진 독립국가임을 인정하며, 이들 지역을 그렇게 취급하며, 폐하 자신과 후손과 계승자들이 이 지역 전부 혹은 일부에 대한 정부, 재산, 영토적 권리에 대한 모든 주장을 포기한다.

파리조약은 미국의 경계선도 확정했고 북아메리카에 있는 영국, 프랑스, 에스파냐 영토도 규정했다. 신생 아메리카 공화국은 서쪽으로 미시시피 강까지의 영토를 얻었지만 서쪽과 남서쪽의 대부분은 에스파냐가 가졌고 영국은 캐나다를 보유했으며 프랑스는 카리브해의 식민지를 유지했다. 또한 이 조약에는 집행할 수 없는 것으로 드러나는 전쟁부

채 및 배상과 관련한 조항도 들어 있었다. 즉, 전쟁부채상환을 보장한다는 것과 전쟁 기간 동안 몰수된 영국 신민의 재산에 대한 보상이 들어 있었다. 그리고 각 주가 몰수를 정당화한 법을 폐지하도록 대륙회의가 요청할 것을 권고하고 있다. 끝으로 미국에 있는 국왕파의 권리와 안전을 보호하고 있다.

정부 수립

전쟁 기간 동안에도 정부 업무는 지속되어야 했다. 대륙회의의 지시를 받아 1776년 5월부터 각 주들은 영국 당국의 철수로 만들어진 진공 상태를 채우기 위해 각자의 헌법을 만드는 작업에 착수했다. 그것은 쉽지 않은 과정이었다. 대부분의 주들이 독립 선언서가 발표된 지 일 년 내에 작업을 마치긴 했지만 매사추세츠 주는 1780년이 되어서야 작업을 마쳤으며 코네티컷 주과 로드아일랜드 주는 기존의 식민지 특허장과 별로 다르지 않은 헌법을 공포했다.

각 주의 헌법 작성자들이 가장 우선시한 것은 개인의 권리였다. 그래서 각각의 문서는 기본적인 개인의 권리를 보장하는 일종의 권리장전으로 시작되었다. 제퍼슨이 독립 선언서를 작성할 때 영감을 받았던 버지니아 권리선언은 다른 여러 주의 모델이 되었다. 그러나 인구에 근거한 대의제에 따라 투표권이 확대되긴 했지만 거의 예외 없이 재산 소유가 투표와 관직 취임의 전제 조건으로 간주되었다.

각 주의 헌법은 영국의 식민지 정부 체제가 가지고 있던 권력의 중앙 집중을 피하려 했다. 주 행정부의 수반인 지사의 권력은 제한된 반면에 의회의 권력은 강화되었다. 게다가 의회는 일반적으로 내각을 지명했으며, 지사와 함께 일하는 보좌관들은 더 많은 책임을 져야 했다. 13개의 새로운 헌법 가운데 가장 급진적이었던 펜실베이니아 주의 헌법에서는 아예 지사직이 폐지되었으며, 주 의회(이 자체도 선출된다)가 선출하는 평의회에 권력이 양도되었다. 정부의 세 부문(행정부, 입법부, 사법부) 사이의 견제와 균형은 모든 새로운 헌법의 근본이었다.

존 디킨슨은 연합헌장의 기초가 되는 초안을 썼다. 오랫동안 미국 정치계에서 활동한 그는 가장 저명한 보수주의자 가운데 하나였다.

연합헌장

대륙회의는 출범 초기부터 연방정부로서 기능하고 있었지만 실제로는 그럴 권한이 없었다. 따라서 대륙회의의 존재와 활동에 대한 법적 근거를 만들어야 했다. 독립 선언서 기초위원회가 만들어진 같은 날 연합헌장 기초위원회도 만들어졌다. 오랜 논의 끝에 존 디킨슨이 기초하고 대륙회의가 크게 수정한 연합헌장이 1777년 11월에 승인되었으며, 동의를 얻기 위해 각 주에 제출되었다. 하지만 각 주가 과세 및 통상 운영 등 많은 자율성을 보장받을 수 있었음에도 1781년까지 만장일치로 통과되지 않아서, 연합헌장은 그 한계에 직면한 상태였다.

각 주는 오늘날보다 더 많은 자율성을 누리고 있었다. 실제로 각 주는 독자적인 헌법, 문화, 하부구조를 가진 분리된 나라였다. 이러한 맥락에서 보면 주들이 영국에 맞선 전쟁을 수행하기 위해 철학적, 감정적,

실천적으로 연합한 것은 대단한 성과였다. 그러나 개별 주의 권리에 근거하지 않고 공식적으로 연합을 규정하는 것은 대단히 미묘한 일이었다. 왜냐하면 미국인들은 중앙집중적인 권력을 가진 공식적 연합이라는 생각을 증오했기 때문이다. 이들은 그러한 중앙 집중적인 권력에서 생겨난 억압으로부터 해방되기 위해 싸우고 있었던 것이다.

그러므로 연합헌장은 보수적이고 신중한 것이었다. 실제로 그것은 국제 관계와 아메리카 원주민 문제, 도량형과 우체업무, 화폐 발행 등 예전에 국왕에게 속했던 권한을 대륙회의에 이전한 것에 불과했다. 각 주가 몇 명의 대표를 대륙회의에 보낼 것인가에 대해서는 각 주에 맡겨졌고, 대신 각 주는 한 표만을 행사했다. 그리고 어떤 법이 통과되기 위해서는 아홉 표의 다수표가 필요했다. 대륙회의 의원은 보수를 받지 않았으며 보수를 받는 어떤 관직도 맡을 수 없었다. 실제로 대륙회의 의원직은 부유한 엘리트의 직분이 되었다.

진행중인 전쟁의 중심적인 원인이 과세 문제였다는 것을 생각하면 당연한 일이지만, 결정적으로 대륙회의는 전국적으로 과세할 권한을 부여받지 못했다. 전쟁을 수행하고 기본적인 전국적 하부구조를 운영할 권한을 부여받긴 했지만 대륙회의는 거기에 쓸 자금을 동원할 공식적인 수단이 없었다. 그 대신 대륙회의는 각 주가 주는 분담금에 의존해야 했다. 하지만 실제로는 이 분담금이 거의 집행되지 않았다.

헌법

파리조약이 맺어질 때 미합중국은 독립하긴 했지만 각 주들이 연합한 상태라고 보기는 어려웠다. 연합헌장은 거의 깨질 상태였던 그러한 느슨한 연합을 만들었던 것이다. 전쟁을 수행할 때는 대륙회의가 수행해야 할 명확한 역할이 있었지만 전쟁이 끝나자 각 주들이 자율적으로 행동하면서 이해관계가 약화되었다. 정치 지도자들은 자기 주에만 관심을 쏟았고, 대륙회의는 목적이 없는 조직이 되었다.

막 태어난 나라에게 상황은 좋지 않았다. 대륙회의는 활동을 하거나 외국 채무를 갚기 위한 돈을 모을 수단이 없었다. 대륙회의가 상업을 통제하지 못하고 있었기 때문에 국외 통상에 대해 협상할 수 없었고, 각 주들은 국제 무역을 둘러싸고 서로 다툼을 벌였다. 종전과 함께 찾아온 불황이 긴장을 더욱 고조시켰다. 각 주가 몰수한 국왕파의 영지와 미지불 사업 부채를 배상하도록 한 파리조약을 이행하는 것조차 강제할 수 없었다. 이 때문에 국제 무대에서 미국의 위치는 형편없었다. 현존하는 국제 조약을 집행하지 못하고 부채를 지불하지 못하는 정부와 협정을 맺으려는 나라는 없었던 것이다.

이러한 불화는 주 정부 차원에서도 일어났다. 역사적 상황 속에서 만들어진 초기의 주 헌법들은 입법부에 과도한 권력을 부여했지만 이 입법부는 비용이 많이 들고 비효율적인 것이었다. 그래서 1780년대에 많은 주들이 헌법 개정 작업에 착수해 행정부와 사법부를 강화해서 균형을 회복하려고 했다.

다른 한편, 전국에 걸쳐 새로운 민족주의 세대가 정치적으로 부상하였다. 이들의 민족주의는 이전 세대의 민족주의와는 다른 형태였다. 1760년대와 1770년대의 민족주의가 독립을 쟁취하고 대중 민주주의에 기초한 정부를 수립하는 것이었다면 1780년대 민족주의의 관심사는 강력한 중앙정부를 통해 안전을 확보하는 것이었다.

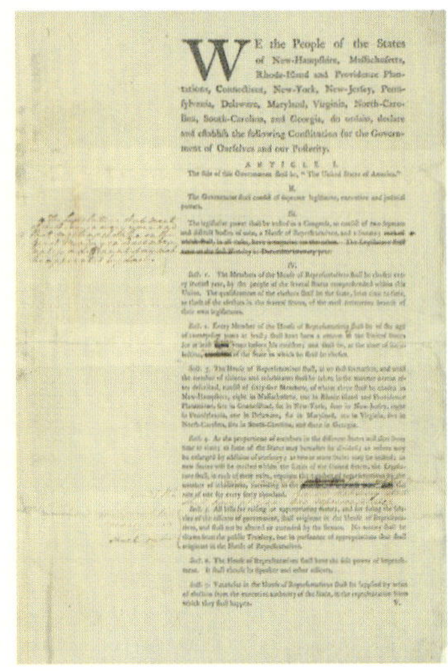

연방헌법은 미합중국 정부와 법률의 초석이다.

이러한 압력 때문에 대륙회의는 연합 헌장을 개정하기 위한 연합회의를 승인했다. 연합회의는 1787년 5월 25일 독립 선언서가 서명되었던 방에서 모임을 가졌다. 12개 주에서 온 55명의 대표가 참석했다. 로드아일랜드 주만이 불참했다. 이 대표들은 좋은 교육을 받고 경험이 많은 사람들이었다. 그들 가운데에는 대륙회의에서 일했거나 주 제헌회의에서 일한 사람도 있었으며 주 지사까지 있었다. 그들의 평균 나이는 42세로 젊었다. 가장 나이 많은 대표 중에는 저명한 인사들이 있었다. 조지 메이슨, 로저 셔먼, 벤저민 플랭클린(81세로 가장 고령이었다) 등이 그들이다. 1770년대의 혁명 지도자 가운데 다수는 이 자리에 없었다. 토머스 제퍼슨과 존 애덤스는 유럽에 있었고 새뮤얼 애덤스는 건강이 좋지 않았으며 리처드 헨리 리와 패트릭 헨리는 참석을 거부했다.

5월부터 9월까지 대표들은 심도 있고 격렬한 논쟁을 벌였다. 9월 17일에 그들이 결론내린 새 헌법은 당시로서는 독립 선언서만큼이나 급진적인 것이었다. 이 헌법의 제정자들은 연합헌장 체제에서 벗어나 새로운 미국 국가가 1770년대의 혁명가들이 그랬던 것과 같이 그 잠재력을 최대한 발휘할 수 있도록 했다. 이 헌법으로 새로운 구조를 가진 연방정부가 만들어졌는데, 제한적이긴 했지만 충분한 권력과 법을 집행할 수 있는 능력을 가진 것이었다. 느슨한 우산 구조 내에서 각 주들이 최고 권한을 가진 것이 아니라 강력한 연합 내에서 많은 권리를 보유하는 것으로 바뀌었다.

우리 미합중국 국민이 좀더 완전한 연합을 형성하고 정의를 실현하며, 국내 안녕을 보장하고 공동 방위를 도모하며, 일반 복지를 증진하고 우리와 우리 자손에게 자유의 은총을 보장하기 위해 이 미합중국 헌법을 제정한다.

독립전쟁기 동안 가장 활동적인 애국파의 한 사람이었던 패트릭 헨리는 미합중국 헌법을 만든 연합회의에 참석하기를 거부했다.

연방헌법은 미국 정부의 기초적이고 근본적인 문서이며 따라서 각각의 주에서도 그러하다. 모든 법률은 직접적으로 헌법에서 유래하거나 이 텍스트에 대한 해석과 설명에서 유래한다. 헌법은 법률가들과 헌법학자들에 의해 연구되고 분석되고 논쟁에 부쳐졌다. 그러나 역사적으로나 현재적으로 헌법이 중대한 의미를 가지고 있긴 하지만 독립 선언서만큼 대중의 관심을 끌지는 못했다. 헌법 제정일인 9월 17일에는 공적 기념식이 거행되지 않는다. 매년 대통령이 헌법을 공적으로 낭독하긴 하지만 텔레비전으로 방영되지도 않고 별다른 행사도 없다.

연방헌법이 대중의 상상력을 사로잡지 못한 이유는 독립 선언서를 작성할 때 제퍼슨이 보여준 글솜씨와 핵심 요약이 없기 때문일 것이다. 하지만 독립 선언서는 실제로 명예로운 선포에 불과했다. 독립 선언서에는 마지막 문단에서 언급한 실천적인 조치를 실현할 수 있는 수단도,

목표를 달성할 수 있는 수단도 들어 있지 않다. 그러므로 독립 선언서는 화려한 웅변이라 할 수 있다. 그러나 연방헌법은 효력을 발휘하는 문서였으며 오늘날에도 그러하다. 독립 선언서와 마찬가지로 연방헌법은 과거와 혁명적으로 단절하는 것이긴 하지만 미래를 위한 실천적인 초석을 놓는 것이기도 하다.

The Declaration's Legacy

『독립 선언서』의 유산

대영제국에 대한 공식적인 선전포고와 마찬가지로 이 문서의 공포는 그곳에 있던 지도부의 용기를 보여준다.

—런던 주재 러시아 외교관 바실리 리자케비치(1776년 8월 13일)

국외의 청중들은 대륙회의가 정직한 세계에 선포한 선언을 불길한 침묵으로 맞이했다. 독립 선언서의 작성자들은 거대한 야망을 가지고 있었지만 단기적으로 이 문서가 얻은 것은 별로 없었다. 도리어 전황의 변화와 외교 노력 속에서 궁극적인 목표였던 독립이 성취되었다. 하지만 장기적으로 보면 독립 선언서는 국제적인 차원에서 큰 영향력을 발휘했고, 경우에 따라서는 아주 놀라운 장소에서 영향력을 발휘했다.

영국의 수용

독립 선언서 텍스트는 짧은 시간 안에 대서양을 건너갔다. 1776년 가을이 되면 영국 국가문서에 네 부가 등록된다. 8월 중순부터는 영국 신문에 게재되기 시작했으며, 비록 뒷면에 그것도 별다른 설명이나 논평 없이 실리기는 했지만 전문(全文)이 실리기도 했다. 하지만 독립 선언서의 출판은 별다른 논쟁을 가져오지 않았다. 통상 영국 신문에서 찾아볼 수 있는 떠들썩함도 없었고 이에 대한 사설도 없었고 이 주제에 대한 독자 투고도 없었다.

영국 정부는 독립 선언서에 대해 어떤 직접적인 대응도 하지 않았다. 왜냐하면 이것을 논박하거나 부정하는 것 자체가 정당성을 인정하는 것이었기 때문이다. 의회에서도 독립 선언서에 대해서는 전혀 언급하지 않았다. 다만 정부는 존 린드라는 젊은 법률가에게 독립 선언서를 반박하는 글을 의뢰했다. 그는 예전에 정부와 아메리카 식민지에 대한 두 개의 팸플릿을 쓴 적이 있었다. 100페이지가 넘는 「아메리카 대륙회의의 선언에 대한 답변」에서 그는 독립 선언서를 조목조목 논박하고, 그 목적 및 논증과 더불어 미국인을 조롱했다. 주로 국왕을 고발하는 내용을 담은 부분에 초점을 맞추긴 했지만 그는 전문(前文)에도 관심을 기울였다. 물론 약간 주저하긴 했지만 말이다.

전문에 대해서 나는 별다른 주의를 기울이지 않았다. 진리에 대해서는 별다른 언급이 필요없다. 마녀에 대한 훌륭한 선조들의 견해와 마찬가지로 심각한 악이 되지는 않을지라도 정부에 대한 현대 미국인들의 견해는 웃음거리가 될 것이며, …… 경멸받고 터무니없는 일이 될 것이다. 이 전문에서 그들은 정부론을 수립하려고 했다. 그들이 수립하고 방어하려는 체제와 마찬가지로 어리석고 망상적인 이 이론은 사악한 것이다. 여기에, 영국 정부에 맞선 그들의 모험을 정당화하기 위해 제출된 좌우명이 있다. 이 좌우명에 대해 그들은 영국 정부를 혐오하고 있다고 말하는 것으로 충분할 것이다. 그러나 이것을 넘어서서 그들은 실제적이거나 상상적인 모든 정부를 전복하고자 한다.

린드의 글에는 「독립 선언서에 대한 촌평」이라는 50페이지 분량의 글이 덧붙여져 있는데, 이 글은 독립 선언서의 논리적 토대를 허물기 위한 것이었다. 이것은 공리주의의 창시자인 제레미 벤담이 쓴 것으로 익명으로 발표되었다. 린드의 친구였던 벤담은 예전에 린드가 식민지에 관한 팸플릿을 쓸 때 도움을 준 적이 있었다. 벤담은 자연권이나 자연법

영국 철학자 제레미 벤담은 영국에서 글을 써서 독립 선언서에 반대했던 몇 안 되는 사람 가운데 하나였다. 하지만 독립 선언서에 대한 통렬한 비판인 「독립 선언서에 대한 촌평」은 익명으로 발표되었다.

사상을 단호히 반대하여 일생 동안 이런 사상을 '순진한 난센스'라고 말했다. 벤담에게는 공식적인 권한을 가진 입법자가 만든 것만이 유일한 법이며 인간이 가지고 있는 권리는 그러한 법에 의해 부여받은 것이 유일하다. 그가 익명의 글에서 말했듯이, "지금 그들이 요구하고 있는 것이 신의 법에 의해 그 권한을 부여받은 것이라면 그들은 그러한 법을 만들면 되는 일이고, 따라서 모든 논쟁은 종식된다. 그렇지 않다면 그들은 무엇을 만들고 있는 것인가? 그들이 자명한 진리라고 말하는 것을 만들고 있는 셈이다." 미국의 적도 아니었고 독립을 성취하려는 미국의 열망에 반대한 것도 아니었지만 벤담은 독립 선언서 전문(前文)이 선언서 전체뿐만 아니라 그 과업의 치명적인 약점이라고 믿었다. 1780년에 썼듯이, "그렇게 이성적인 대의가 핑계거리를 필요로 하며 그에 대한 반대를 제거하기보다는 반대를 불러일으키고 있다는 것을 애도할 수밖에 없다."

독립 선언서에 대한 또 다른 유일한 반응은 토머스 허친슨의 펜에서 나왔다. 그는 영국에 거주하고 있는 미국의 국왕파였다. 그는 보스턴 학살 사건과 보스턴 차 사건이 있을 당시 매사추세츠 주의 부총독이었다. 군주제를 지지한 것 때문에 반역자로 낙인찍힌 그는 두 번이나 폭도들에게 공격당하고 집을 약탈당해, 1773년 이후 가족과 자신의 안전을 위해 영국으로 이주했다. 「필라델피아 대륙회의 선언에 대한 비판」 (1776)에서 그는 마찬가지로 선언서에 나열된 불만을 비판했다. "전세계가 이 반란을 지지하는 거짓되고 천박한 이유를 제공하지 않는 대신 이 반란의 동기를 무시하도록 하는 정책을 취할 수 있었을 것이라고 생각한다." 그는 독립 선언서에 나와 있는 고발이 모호한 방식으로 구성되어 있기 때문에 약점이 드러나지 않는다고 불만을 나타냈다. 그의 관점에서 보자면 실제로 그 고발은 별다른 무게가 없으며 소규모 반란자들에게 행동의 동기를 부여하는 정도의 의의만을 가진 것이었다.

세금이 부과되기 이전부터 주요 식민지에는 독립이라는 생각을 가진 사람들이 있었으며, 세금 부과는 의회의 법 집행에 저항할 수 있는 표면상의 이유였다. 반란을 저지른 사람들은 각 식민지에서 제헌의 권리를 박탈한 이후 다른 이들과 함께 스스로에게 전체에 대한 최고의 권위를 부여했다.

전쟁의 진전은 독립 선언서가 성취하지 못한 것을 실현시켰다. 영국군과 군사적으로 맞서 싸우는 분위기는 새러토가에서 버고인이 항복한 이후 절정에 달했으며, 영국 정부와 영국 국민 모두 미국인들을 훈육해야 할 버릇없는 아이들이 아닌 교전국 국민으로 인정하기 시작했다. 1778년 3월 프랑스와 맺은 동맹은 이 과정을 완성시켰다. 공통된 종교와 문화, 제한된 중앙정부에 대한 믿음 등 미국인들은 영국인과 공통점이 많았으며, 이로 인해 둘 사이에는 특별한 유대가 만들어졌다. 반면 프랑스인들은 국제적인 차원에서 경쟁 상대였을 뿐만 아니라 언어와 문

보스턴은 토머스 허친슨의 고향이었다. 그는 국왕파의 견해를 가졌기 때문에 그와 그의 가족이 공격당한 이후 1774년 영국으로 이주해야만 했다. 이 그림은 1764년의 보스턴 모습이다.

화, 정부 체제 면에서도 매우 달랐다. 이러한 관점에서 영국 정부는 미국을 분리되고 독립된 나라로 인정하고 협상에 들어갔다. 미국이 새로이 확대된 갈등 속에서 또 다른 전장이 되자 이런 여론의 태도 변화는 분명해졌다.

프랑스

프랑스는 1776년에 독립 선언서가 공포된 이후 영국과 마찬가지로 침묵했다. 첫번째 사본이 파리 주재 미국 외교관인 사일러스 딘에게 보내졌으며, 두번째 사본은 그 해 11월까지 도착하지 않았다. 다시금 독립 선언서는 아무런 반응도 받지 못했으며, 마찬가지로 독립 선언서가 아닌 미국의 군사적 성공이 여론의 변화에 큰 영향을 미쳤고, 이를 통해 프랑스를 전략적인 동맹으로 끌어들일 수 있었다.

유럽의 나머지 나라들도 마찬가지로 침묵했다. 여러 신문이 독립 선언서 전문을 번역하여 게재하긴 했지만 공식적인 언급은 거의 없었다. 프랑스 주재 에스파냐 외교관인 아란다 백작(프랭클린과 제퍼슨의 찬미자이자 에스파냐가 미국 편에 서야 한다고 주장했던 인물)조차 본국에 보내는 공식 문서에서 침묵을 지켰다. 유럽의 지식인들은 독립 선언서에 대해 무관심한 태도를 취했다. 미국의 성명이 지적으로 흥미 있는 것이긴 했지만 거기에 나타난 급진적 공화주의는 유럽의 전통주의에 낯선 것이었다. 당시 자유주의적인 유럽인들(예를 들어 프랑스나 독일 연방국가들에 있는)은 군주제의 전복을 꾀하지 않았으며, 도리어 현 체제 내에서 개인의 권리를 보장하고자 했다.

독립 선언서의 첫번째 프랑스어 번역은 프랑스 외부에서 발간되는 언론에 실렸다. 프랑스 내에서 독립 선언서가 발간된 것은 1778년 동맹이 맺어진 이후였다. 초기 번역 가운데 하나는 벤저민 프랭클린의 친구인 라로슈푸코 당빌 공작이 했으며 이를 프랭클린이 도와주었다고 한다. 국민의회 의원이었던 라로슈푸코는 라파예트 후작과 마찬가지로 독립 선언서의 찬양자였으며 1789년 국민의회가 채택하고 1791년 헌법에 포함된 「인간과 시민의 권리 선언」*의 초안을 썼다.

많은 프랑스 정치가들은 자신들의 선언을 쓸 때 독립 선언서가 가

---

* 1789년 8월 26일 프랑스 국민의회가 채택한 17개 조항의 「인간과 시민의 권리 선언」(Declaration des droits de l' homme et du citoyen, 인권선언)에는 프랑스대혁명의 원칙이 담겨 있다. 이 선언에는 "인간은 자유롭고 평등한 권리를 가지고 태어났으며," 이러한 권리에는 자유, 소유, 안전, 압제에 대한 저항 등이 있다는 것, 인간은 종교의 자유와 언론의 자유를 가진다는 것, 소유권은 신성불가침의 권리라는 것 등이 규정되어 있다. 이 선언은 이후 제정된 프랑스 헌법의 전문(前文)이 되었다.

「인간과 시민의 권리 선언」의 초안을 썼던 라파예트 후작(왼쪽)은 독립 선언서의 찬미자로 알려져 있었다. 「인간과 시민의 권리 선언」이 독립 선언서에 빚지고 있는 것은 별로 없다. 권리장전과 마찬가지로 인권선언은 프랑스 시민의 기본권을 열거하고 있다.

진 의의를 알아차렸고, 벤저민 프랭클린과 토머스 제퍼슨에게 조언을 구했다. 하지만 프랑스의 선언은 여러 주들의 헌법 및 권리장전과 더 공통점이 많다. 국민의회는 이 문서들도 가지고 있었으며, 특히 버지니아 권리장전과 펜실베이니아 헌법에 큰 관심을 보였다. 국민의회가 2년에 걸쳐 긴 논쟁을 벌이면서 미국 문서(독립 선언서)에 도움을 받았다고 알려져 있긴 하지만 프랑스 문서에서 미국 문서의 반향을 찾기는 쉽지 않다. 이것은 주로 두 선언이 서로 다른 목적을 가지고 있었기 때문이다. 미국인들은 독립과 억압적인 지배자로부터의 해방을 천명한 반면, 프랑스인들은 절대군주제가 존재하는 가운데 장래에 권력의 남용을 제한하려는 시도 속에서 주민들에게 그 권리에 대해 교육하려고 했다.

프랑스의 선언은 프랑스 인민의 권리를 열거하고 있긴 하지만 제

시몬 볼리바르와 프란시스코 데 미란다가 1811년 7월 5일 에스파냐의 지배에 반대하는 독립 선언서에 서명하고 있다. 미국 독립전쟁이 멕시코의 저항 운동에 영감을 주기는 했지만 독립 선언서 자체는 큰 영향을 미치지 못했다.

퍼슨이 쓴 '자연적이고 양도할 수 없으며 확고한 권리' 가운데 '생명, 자유, 행복의 추구'와 약간만 유사한 것을 가지고 있을 뿐이다. 프랑스의 문서에는 '자유, 안전, 재산, 억압에 대한 저항'이 나와 있다. 그리고 나서 이 선언은 언론 자유의 권리를 포함한 다른 권리로 넘어가고 있으며, 독립 선언서보다는 권리장전의 정신 속에서 근본적인 인민 주권을 주장하고 있다.

19세기와 20세기

19세기의 여러 혁명 운동은 독립 선언서의 견해를 간직하고 있었지만 이 문서가 혁명 운동에서 이용된 것은 별로 없었다. 예를 들어 독일과 러시아에서는 혁명의 목표가 식민지 권력으로부터의 해방이 아닌 정부

19세기의 메이지 유신기에 일본은 외국의 영향을 많이 받았다. 히로시게가 그린 이 그림이 하나의 예를 보여준다. 두 명의 외국인이 말을 타고 있으며, 앞에는 새로 가설된 전신선이 있다. 하지만 배경은 전통적인 후지산이다. 일본에서는 독립 선언서가 1860년대에 출판되기 시작했다.

형태를 수정하는 것이었다. 그리고 급진주의자들은 좀더 실천적인 문서에 관심을 가졌는데, 특히 연방헌법이나 주 헌법에 관심을 가졌다.

식민지 지배로부터 독립을 추구하던 멕시코(뉴스페인)도 독립 선언서를 간과했다. 독립 선언서가 1810년대에 멕시코에서 책자와 신문으로 발표되고 미국 독립전쟁이 이 신세계에 어떤 열망을 불러일으켰지만, 독립 선언서 자체는 주목을 끌지 못했다. 당시로서는 혁명적이었던 제퍼슨의 언어가 독립을 위한 멕시코인의 시도에는 적용되지 못했던 것이다. 이것은 부분적으로 미국 정부에 대한 분노 때문이었을 것이다. 미국 정부는 1812년 전쟁 당시 에스파냐가 영국 편에 서는 것을 두려워하여 멕시코 봉기자들을 도와주지 않았다. 그리고 에스파냐령 아메리카 식민지의 혁명은 다른 경로를 취했다. 멕시코의 해방은 결국 평화적으로 이루어졌는데, 그것은 에스파냐가 그렇게 넓은 제국을 통치하는 것이 불가능하다는 것을 깨달았기 때문이다.

한편 19세기 일본에서는 독립 선언서가 급진주의자와 기성 정치인이 헌법을 제정하고 사회를 개혁할 때 큰 영향을 미쳤다. 독립 선언서가 일본에서 처음 출판된 것은 1860년대였는데, 1854년에 최초로 미일 간에 조약(가나가와 조약)*이 체결된 이후 미국문화에 대한 관심이 높아졌기 때문이다. 이때 일본은 근대화의 길로 접어들어 일본문화가 다른 나라의 문화로부터 영향을 받기 시작하는 메이지 유신(明治維新)의 시기였다. 독립 선언서는 자유와 평등에 대한 주장 때문에 광범위하게 읽히고 높은 관심을 받았다. 특히 헌법을 개정할 때에는 주요 출판물 중에서 독립 선언서를 영향력 있는 문서로 간주했다——비록 일본이 공화정을 추구하지는 않았지만 말이다. 또한 독립 선언서는 일본 사회의 기성 계

---

*미일화친조약 또는 페리협정이라고도 함. 1853년 7월 미 함대 사령관 매튜 페리(Matthew C. Perry, 1794~1858)가 4척의 군함을 이끌고 우라가(捕賀)에 입항하여 함선에 연료·식량 등을 보급받을 수 있도록 항구 개방을 요구했다. 그는 도쿠가와 바쿠후(德川幕府)에게 시간적 여유를 주고 물러갔다가 이듬해 2월 재입항한 후 3월 31일에 이 조약을 체결하였다. 그 결과 일본은 시모다(下田)와 하코다테(函館) 2개 항구를 개방하고 시모다에 미국 영사의 주재를 허락했다.

더글러스 맥아더 장군 휘하의 미국인이 작성한 일본 신헌법은 독립 선언서에서 직접 따온 문구를 사용했다.

급과 경제 장벽을 무너뜨리려 한 급진적인 민권운동의 중심적인 텍스트가 되었다.

20세기에 독립 선언서는 일본에서 다시금 영향력을 발휘했는데, 이때는 제2차 세계대전 이후 미국이 일본을 점령한 시기였다. 일본을 '재건하려는' 시도 속에서 더글러스 맥아더는 메이지 헌법을 대신할 새로운 일본 헌법의 도입을 구상했다. 맥아더가 구상한 헌법에 따르면 천황의 권력은 매우 제한적이어서 명목상의 국가 원수에 불과했다.

맥아더 사령부의 법률가와 장교들로 구성된 위원회가 기초한 새 헌법은 독립 선언서뿐만 아니라 연방헌법, 권리장전, 게티즈버그 연설문 등에서 따온 구절이 많았다. 이런 점은 전문을 보면 금방 알 수 있다.

정당하게 선출된 국회의원을 통해 활동하는 우리 일본 국민은……주권이 인민의 의지임을 선언하며 이 헌법을 제정한다. 정부는 엄숙한 신탁에 의한 것으로서 그 권위는 인민에게서 나오고, 그 권력이 인민의 대표자에 의해 행사되며, 그 이익을 인민이 향유한다. 이 헌법은 이러한 보편적인 원리에 기초해 있다.

후일 이 문서에는 권리장전이 들어갔는데, 여기에는 '생명, 자유, 행복의 추구 등의 권리'가 포함되었다. 독립 선언서가 메이지 헌법 제정에 영향을 미친 것과 마찬가지로 그 사상이 1946년 헌법에도 살아 있는 것이다. 하지만 이번에는 미국 당국이 프랑스의 인권선언, 1918년의 소련 헌법*, 1919년의 바이마르 헌법** 등도 모방하여 헌법을 만들었다.

20세기에 독립 선언서의 언어는 혁명 운동의 최전선으로 복귀했다. 1945년 9월 2일 북베트남에서 호치민이 하노이를 수도로 하는 독립 공화국의 수립을 선포할 때 발표한 베트남 민족 독립 선언에 그것을 포함시켰던 것이다. 호치민은 일본과 프랑스의 점령으로부터 베트남을 해방시키고 나라를 통일할 것을 목표로 베트민***을 창설한 지도자였다.

---

* 러시아혁명 이후 만들어진 러시아 사회주의연방 소비에트공화국은 1918년 7월 레닌 헌법이라고 불리는 최초의 헌법을 채택했다. 자본주의 국가의 헌법과 달리 이 헌법에는 생산수단의 사회적 소유, 계획적 경제 운영 등 국가의 사회적·경제적 기초를 상세히 규정하고 있다.

** 독일혁명으로 제2제국이 붕괴한 이후 1919년에 만들어진 독일공화국 헌법. 의회가 자리잡은 곳이 바이마르였기 때문에 바이마르 헌법이라고 한다. 민주주의적 원리를 천명하고 있을 뿐만 아니라 생존권 등 사회적 권리를 인정하고 있다는 점에서 현대 헌법의 원형이라 할 수 있다.

*** 베트남 민족해방운동의 지도자 호치민(胡志明, 1890~1969) 등의 주도로 1941년 결성된 베트남 독립동맹(Viet Nam Doc Lap Dong Minh)의 약칭. 베트남 민족주의자들과 공산주의자들의 동맹조직이었던 베트민은 1951년 북베트남 공산당에 흡수, 베트남민족해방전선 산하 인민해방군으로 재편성되었다.

베트남공산당 지도자이자 북베트남 초대 대통령인 호치민은 1945년 베트남 민족을 위한 독립 선언서를 작성할 때 미국의 독립 선언서를 인용했다.

여러 곳을 여행하고 광범위한 독서를 했던 그는 미국 정보 기관인 OSS의 스파이로도 일했는데, 선언서를 완성하기 전에 미국 독립 선언서에서 인용한 문구를 미국인 동료 스파이에게 문의했다는 사실은 잘 알려져 있다. 이 선언의 도입부는 다음과 같은 직접인용으로 시작한다.

"모든 인민은 평등하게 태어났으며 조물주로부터 양도할 수 없는 권리를 부여받았다. 그 권리 중에는 생명, 자유, 행복의 추구가 있다." 이 불멸의 선언은 1776년 미합중국의 독립 선언서에 나와 있다. 넓은 의미에서 이것은 다음을 의미한다. 지구상의 모든 사람은 태어날 때부터 평등하며, 모든 인민은 살아가고 행복하고 자유로울 권리가 있다.

호치민은 독립 선언서 텍스트를 번역할 때 제퍼슨의 표현을 살짝 바꾸었다. 첫번째 인용에서 '인간'(men)이라고 썼던 단어를 베트남어로 옮길 때 '인민'(people)이라는 단어로 바꾼 것이다. 이러한 방법과 해석, 그리고 그에 이어지는 문장을 통해 호치민은 제퍼슨의 메시지를 남녀에게 동등한 권리와 평등을 제안하는 것으로 변모시켰다.

호치민은 독립 선언서의 구성도 참조했다. 그는 프랑스의 인권선언을 인용하면서 전문을 시작한다. 특히 이것은 베트남이 당시 프랑스의 식민지였다는 점 때문에 의미가 있다. 그리고 독립 선언서와 마찬가지로 이 전문 다음에 불만이 열거되어 있다. 우선 모든 문장은 '그들'이라는 일반명사로 시작한다. 이것은 제퍼슨이 영국 국왕을 고발할 때 '그'로 시작한 것과 마찬가지이다 —— 하지만 뒤에서 호치민은 고발을 좀더 분명하고 세밀하게 하기 위해 이러한 리듬에서 벗어난다. 맺음말 또한 독립 선언서를 연상시킨다.

이러한 이유로 베트남 민주공화국 임시정부 구성원인 우리는 베트남이 자유롭고 독립된 나라가 될 권리를 가지고 있음을 엄숙히 선언한다. 그리고 이것은 이미 현실이다. 베트남 인민 모두는 독립과 자유를 수호하기 위해 모든 정신적·육체적 힘을 동원하고 생명과 재산을 희생할 것을 결의한다.

베트남전쟁을 생각할 때 호치민이 미국 문서에 기초해서 베트남공화국을 수립했다는 것은 아이러니이다.

Aftermath

여파

언젠가 이 나라가 더 나아져 다음의 신조가 지닌 진정한 의미 속에 살아갈 날이 올 것이라는 꿈을 가지고 있습니다. "우리는 모든 인간이 평등하게 태어났다는 것을 자명한 진리라고 생각한다."
―마틴 루터 킹 2세(1963년 8월 28일)

미합중국과 대영제국 사이에 일어난 1812년 전쟁*은 십 년 이상 지속된 두 나라 사이의 긴장이 최고조에 달한 것이었다. 지난 십 년 동안 영국은 미국 선박에 위협을 가했고 여러 차례 무역 금지 조치를 내렸다. 전쟁의 경과는 미국에게 유리하지 않았다. 우세한 영국 함대가 상당수 미국 해군을 항구에서 나오지 못하도록 봉쇄한 상태였다. 더구나 영국군이 워싱턴 D.C. 바로 남쪽까지 밀어닥쳐 백악관을 불태웠으므로 대통령은 피신하지 않을 수 없었고, 이후 볼티모어가 약탈당했다. 하지만 미국이 뒤늦게나마 군대를 제대로 동원하고 개전시부터 외교적인 노력을 기울인 덕분에 전쟁은 교착 상태에 빠지게 되었다. 그 결과 1815년에 겐트조약이 채결되었고, 이 조약에서 미국인들은 자부심을 느꼈다. 왜냐하면 영국이 오대호에 대한 통제권 및 자신들이 통제하는 아메리카 원주민 국가의 창설이라는 목적을 달성하지 못했기 때문이다. 도

---

* 1812~1814년에 미국과 영국 사이에 일어난 전쟁. 프랑스대혁명 발발 이후 프랑스와 영국의 전쟁에서 미국은 중립을 지켰지만, 미국의 상선이 공해상에서 영국 해군에 의해 강제 징발 당하는 등 무역상의 피해가 커지자 미국 내의 반영 감정이 커졌다. 이런 상황에서 서부로 진출하고자 하는 남부, 서부 출신 의원들의 강한 개전 주장으로 1812년 미국은 선전포고를 하였다. 이 전쟁에서 양쪽 모두 결정적인 승리를 거두지 못하고 1815년의 겐트조약으로 전쟁은 끝나게 되었다. 승리를 거두진 못했지만 패배하지도 않은 이 전쟁으로 미국 내의 민족주의가 발흥하였고, 그래서인지 '제2의 독립전쟁'이라고도 한다.

뉴올리언스 전투는 겐트조약으로 1812년 전쟁이 공식적으로 끝난 두 주 후에 벌어졌다.

리어 국경위원회가 만들어져 개전 이전의 영토에 기초한 캐나다 국경을 공식화하였다. 영국과 마찬가지로 미국도 목적을 달성하지는 못했는데, 왜냐하면 미국 선원에 대한 강제 징집과 중립국 권리의 행사라는 미묘한 쟁점은 아예 의제도 되지 못했기 때문이다.

1815년에 전쟁이 끝나면서 미국인들의 의식에 커다란 변화가 생겼는데, 그것은 민족주의라는 새로운 감정의 발전이었다. 미국인들은 전쟁에 이긴 것은 아니었지만 패배한 것도 아니었다. 무엇보다 그들은 국제적인 갈등 속에서 스스로를 지켜냈으며 몇몇 인상적인 승리를 거두기도 했다. 1815년 1월 15일 앤드류 잭슨이 이끄는 부대가 뉴올리언스 전투를 승리로 이끌었는데, 비록 겐트조약으로 공식적인 적대 행위가 끝난 뒤에 이룬 것이긴 하지만 이 승리는 애국적인 열광을 불러일으켰다.

앤드류 잭슨은 뉴올리언스에서 유명한 승리를 거두었고, 이는 미국인의 애국심을 재흥시키는 데 기여했다. 그를 기리는 이 동상은 뉴올리언스의 프렌치쿼터에 세워져 있다.

이러한 열광은 1820년대 초의 급속한 산업화로 전국이 유례 없는 번영을 누리게 되면서 특히 두드러졌다.

민족적 자긍심이라는 새로운 감정의 일환으로 미국인들은 자신들의 역사를 재검토하기 시작했다. 독립 선언 50주년이 되는 1826년에는 머시 오티스 워렌의 세 권짜리 『미국혁명사』(1805)와 같이 그동안의 미국사를 다룬 책들이 쏟아져 나왔다. 대중은 새롭게 미합중국 초기와 영국으로부터 독립을 쟁취한 애국파들에 관심을 가지기 시작했다. 독립 선언서 서명자들의 전기도 대거 출판되었다.

독립 선언서의 기초자라는 역할 때문에 토머스 제퍼슨은 역사적 관심과 탐구의 초점이 되었다. 1820년대 초에 그는 매년 약 천 통의 편지에 답장을 썼다고 추정했는데, 그 편지 가운데 많은 것들이 미합중국의 초기 역사와 특히 혁명기에 관한 질문이었다. 제퍼슨이 높게 평가받는 것을 불쾌하게 생각했던 존 애덤스 또한 편지를 많이 받았으며 뛰어난 역사가들과도 편지 교환을 많이 했다. 이 두 사람 사이에도 편지 교환이 있었는데, 이들은 각자 자신이 생각하는 미국의 초기 역사에 대한 견해를 옹호하려고 했으며 예전 동료들의 죽음을 애석해하기도 했다.

미합중국의 초기 역사에 관한 이미지 또한 대중화되었다. 독립 선언서의 다양한 복사본(여기에는 양피지 판에서 직접 복사한 것도 있었다)이 민족사를 찬양하는 열렬한 구매자들을 위해 시장에 나왔다. 그리고 독립 선언서 서명 장면을 그린 존 트럼벌의 대형 그림이 1818년 새로운 의회 건물 원형 홀에 전시되었다. 제퍼슨은 1787년 트럼벌을 파리에서 만났을 때 이 장면을 그림으로 그릴 것을 제안했고, 펜실베이니아 주 의회(오늘날의 독립 기념관) 회장 스케치를 그에게 주었다. 제퍼슨의 기억이 아주 정확했던 것은 아니었기 때문에 이 그림에는 몇 가지 부정확한 면이 있으며, 이러한 점은 큰 그림뿐만 아니라 1793년에 완성된 작은 그림에도 그대로 드러나 있다.

1815년 이후 7월 4일은 주요한 축제일이 되었다. 7월 4일에 독립 선언서를 낭독하는 전통은 이 무렵에 생긴 것이며, 이후 독립 선언서는 가장 유명하고 사랑받는 문서가 되었다. 그리고 이날은 중요한 프로젝트를 시작하는 날로 선택되기도 했는데, 오하이오 운하라든가 볼티모어-오하이오 철도 건설 등이 그러했다.

1819년 메클렌버그 독립 선언서를 두고 스캔들이 터져 나왔는데, 이 문서가 독립 선언서보다 앞선다는 주장이 나왔던 것이다. 그 해 4월 30일 노스캐롤라이나 주의 신문인 『랄리레지스터』는 이른바 메클렌버

독립 선언서 서명 모습을 담고 있는 존 트럼벌의 이 큰 그림은 1818년에 공개되었다. 오늘날 이 그림은 혁명기의 사건을 묘사한 것 가운데 가장 유명한 그림 중 하나이다.

그 독립 선언서에 관한 기사를 실었다. 기사의 내용인즉슨 렉싱턴전투 소식이 전해진 다음날인 1775년 5월 20일에 노스캐롤라이나 의회가 이 선언서를 채택했다는 것이었다. 실제의 문서도 의사록도 남아 있지 않았지만 조셉 맥니트 알렉산더는 의회 서기였던 자신의 아버지 존 맥니트 알렉산더가 가지고 있던 노트에 의존해서 메클렌버그 선언을 재구성했다.

　메클렌버그 선언서는 제퍼슨의 텍스트와의 유사성 때문에 큰 관심을 끌었다. 예를 들어 메클렌버그 문서는 '인간의 타고난, 양도할 수 없는 권리'를 주장하고 있다. 또한 이 문서는 영국과 아메리카 식민지의 '정치적 관계'를 급진적으로 해체하고 있다. 메클렌버그 선언이 진짜라면 제퍼슨의 선언, 즉 독립 선언서는 그 신비감을 상실할 것이며 현재 칭송받고 있는 제퍼슨의 업적은 사라질 것이다. 제퍼슨은 편지에서 이전에 메클렌버그 선언의 존재를 몰랐다고 격렬하게 부정했으며, 그것을 '가짜'라고 불렀다. 오늘날 대부분의 역사가들은 메클렌버그 선언이 가짜라고 생각하고 있지만 노스캐롤라이나 주에는 여전히 이 선언의 옹호자들이 있다. 노스캐롤라이나 주가 대륙회의에서 대표들에게 독립에 찬성 투표하라고 지시한 첫번째 주이기 때문에 노스캐롤라이나 주가 '최초로 자유로운' 곳이었다는 것이 맞다는 것이다.

독립 선언서에 서명한 지 50년 후 건국의 아버지들 가운데 두 사람 (토머스 제퍼슨과 존 애덤스)의 생이 끝났다. 제퍼슨은 1826년 7월 3일 밤에 혼수 상태에 빠졌지만 다음날 정오까지 숨을 거두지는 않았다. 그의 마지막 말은 다음과 같았다고 한다. "오늘이 4일인가?" 오랜 친구가 사망했을 무렵 애덤스는 안락 의자에 앉아 독서를 하다가 의식 불명에 빠졌다. 그는 다섯 시간 후에 숨졌는데, "제퍼슨은 여전히 살아 있지?"가 그의 마지막 말이었다고 한다.

여성의 권리

독립 선언서가 미국인의 의식에서 빼놓을 수 없는 일부가 되자 선언서의 내용, 특히 전문에서 밝힌 약속은 평등을 위해 싸우는 여러 집단이 사용하게 되었다.

여성 참정권 운동은 1848년 7월 세니카폴스 대회* 이후 취지 선언

---

* 세니카폴스(Seneca Falls)는 뉴욕 주 북서부에 있는 작은 읍으로 1848년 7월 미국 최초로 여성의 권리를 요구하는 대회가 이곳에서 열렸다. 이 대회에서는 취지 선언문과 여성 참정권 요구가 포함된 다양한 결의안이 채택되었다.

엘리자베스 케이디 스탠턴(수전 B. 앤소니 옆에 앉아 있다)은
독립 선언서를 모델로 하여 세니카폴스 대회에서 발표된
취지 선언문을 작성했다. 이 취지 선언문에는 최초의 여성
권 대회에 모인 300명 이상의 대표들이 서명했다.

을 발표할 때 독립 선언서 텍스트를 이용했다. 300명 이상의 남녀 대표들이 이 최초의 여성권 대회에 참석해서 엘리자베스 케이디 스탠턴이 작성한 선언서에 서명했다.

세니카폴스 선언서는 의식적으로 독립 선언서를 모델로 이용했다. 독립 선언서와 마찬가지로 이 선언서는 세 부분으로 이루어져 있다. 전문에 좀더 포괄적인 언어가 사용되었을 뿐 실제 내용상으로는 동일하다.

인류사에서 인간 가족의 한 부분이 지구상의 사람들 사이에서 이제까지 그들이 가지고 있던 것과는 다르지만 자연법과 자연신의 법이 그들에게 부여한 지위를 갖는 것이 필요하게 되었을 때, 인류의 신념에 대한 온당한 고려 속에서 그러한 길로 가게 된 여러 원인을 선언하지 않을 수 없다.

우리는 다음의 것을 자명한 진리라고 생각한다. 모든 남녀는 동등하게 태어났으며, 조물주로부터 양도할 수 없는 권리를 부여받았다. 그 권리 중에는 생명, 자유, 행복의 추구가 있다. 이 권리를 확보하기 위해 인류는 정부를 조직했으며, 이 정부의 정당한 권력은 인민의 동의로부터 유래한다.

끝으로 세니카폴스 선언은 다음을 밝히고 있다. "인류사는 끊임없이 남성이 여성에게 해를 입히고 강탈한 역사이며, 그 목적은 여성에 대한 절대적인 폭정을 세우는 데 있었다. 이를 증명하기 위해 다음의 사실을 정직한 세계에 제출한다." 그 후 이 선언은 남성적 기성 질서에 대한 15가지 항목의 불만을 제출하고 있다. 그것은 실제적인 것("남성은 여성에게 선거구에서 양도할 수 없는 권리를 행사하지 못하게 했다. 남성은 여성이 참여하지 않은 가운데 만들어진 법률에 종속되도록 강제했다")에서 좀더 감정적인 것("남성은 할 수 있는 모든 방식으로 여성의 힘에 대한 여성의 확신을 파괴했으며, 여성의 자부심을 약화시켰고, 종속적이고 굴욕적인 삶을 살도록 했다")까지를 포함했다. 이 선언은 여성권 운동의 장기적인 목표—이 가운데 일부는 여전히 성취되지 못했다—를 세우는 일련의 결의로 끝난다.

독립 선언서와 마찬가지로 세니카폴스 선언은 별다른 가시적인 성과를 낳지는 못했다. 여러 곳에서 출판되기는 했지만 이 선언은 주류 언론의 남성 논평자들에게 복합적인 반응과 조소를 불러일으켰다. 하지만 독립 선언서와 마찬가지로 이 선언도 오늘날까지 여성 운동가들에게 영감의 원천이 되고 있다.

공동으로 세니카폴스 대회를 조직했던 엘리자베스 케이디 스탠턴과 루크리샤 모트는 8년 전에 런던에서 열린 세계 반노예제 대회에서 만났다. 여기서 이들은 공식 대표였지만 여성이었기 때문에 발언권을 거부당했다. 구성원과 이상이라는 점에서 여성의 참정권 운동과 노예제 폐지 운동이 크게 겹치므로 많은 여성들은 노예제 폐지 운동에 남성과 함께 참가했다가 후일 자신의 권리를 위해 싸우게 되었던 것이다.

주도적인 노예제 폐지 운동 신문인 「해방자」에 실린 이 시에서 볼 수 있듯이 여성 참정권 운동과 노예제 폐지는 긴밀하게 연관되어 있었다. 이 시는 여성에게 노예제 폐지 운동에 동참하라고 호소하고 있다.

노예제 폐지 운동

데이비드 워커는 1823년 『워커의 호소』에서 이렇게 말했다.

미국인들이여 독립 선언서를 보라! 당신들 자신의 언어를 이해하고 있는가? 1776년 7월 4일에 전세계를 향해 선포한 당신들의 언어를 듣고 있는가? "우리는 다음을 자명한 진리라고 생각한다. '모든 사람은 평등하게 태어났다!' 조물주로부터 양도할 수 없는 권리를 부여받았는데, 그 권리 중에는 생명, 자유, 행복의 추구가 있다!" 독립 선언서에서 뽑은 위 말들과 당신들의 잔인성 그리고 당신들의 잔인하고 무자비한 아버지들과 당신들이 우리 아버지들과 우리 ── 당신 아버지들과 당신들에게 어떤 도발도 하지 않은 이들 ── 에게 저지른 살인을 비교해보라.

노예제는 항상 미국인의 삶과 정치에서 쟁점이 되었다. 제퍼슨은 그 자신이 노예 소유주였음에도 독립 선언서 초안을 작성할 때 노예무역에 관여하고 있는 조지 3세를 고발하였다. 그러나 대륙회의는 이 쟁점을 회피하여 독립 선언서에서 이 부분을 삭제했다. 당시 제퍼슨은 노예제와 "모든 사람은 평등하게 태어났다"라는 주장 사이에 모순이 있다는 것을 느끼지 못했다. 왜냐하면 그는 이 용어를 매우 좁은 철학적 의

1835년에 만들어진 이 석판화는 보스턴에서 열린 초기 노예제 폐지 운동 집회를 그리고 있다. 이때 윌리엄 로이드 개리슨은 폭도에게 공격당해 목이 묶인 채 거리를 끌려 다녔다. 결국 그는 시장이 구해주었는데, 시장은 안전을 위해 그를 시 감옥에 가두었다.

미로 썼기 때문이다. 그는 그래야 동시대인들이 이해할 수 있을 것이라고 믿었다. 하지만 미국 독립 초기에도 노예제 반대자들은 독립 선언서의 주장에 공감했다. 노예제 폐지를 주장하며 뉴햄프셔 주에 있는 노예 19명의 서명을 받아 주 의회에 제출된 이 청원서의 첫 부분을 보라.

아프리카 태생이지만 지금은 가장 비천한 상태의 노예제에 강제로 묶여 있는 서명자들의 청원. 자연신은 우리에게 다른 사람들과 완전히 평등한 조건으로 생명과 자유를 주었다. 이 자유는 인류의 타고난 권리이며 포기할 수 없는 것이다. 다만 동의에 의해, 사회 생활의 안전을 위해 그럴 수 있을 뿐이다. 사적·공적 폭정과 노예제는 인간의 평등한 존엄을 알고 있는 사람들에게는 참을 수 없는 것이다.

윌리엄 로이드 개리슨이 발간한 『해방자』의 1831년 4월 23일자 표제면. 이 신문의 구호는 다음과 같다. "우리나라는 세계이다──우리나라 사람은 인류이다."

이렇듯 이 청원은 독립 선언서와 매우 유사한 표현을 사용하면서 유사한 방식으로 논증하고 있다.

1820년대부터 독립 선언서의 언어와 그 속에 담겨 있는 약속은 노예제 폐지 운동에서 효과적인 수사로 사용되었다. 팸플릿과 신문 등의 수많은 기사에서 미합중국 건국 문서의 정신과 '고유한 제도'의 모순을 지적하면서 노예제를 문제삼았다. 노예제 폐지론자들은 자신들의 대의가 도덕적 기반을 가지고 있다고 주장하면서, 제퍼슨이 주장한 자연법의 이상으로 돌아가 독립 선언서가 그것을 뒷받침한다고 주장했다.

노예제 폐지론자이자 주도적인 노예제 폐지론 신문인 『해방자』의 창립자인 윌리엄 로이드 개리슨이 보기에 독립 선언서와 노예제 폐지는 긴밀하게 연관되어 있었다. "나는 미국 독립 선언서에서 말하는 자명한 진리 가운데 '모든 사람은 평등하게 태어났으며, 조물주로부터 양도할 수 없는 권리를 부여받았다. 그 권리 중에는 생명, 자유, 행복의 추구가 있다'는 부분의 신봉자이다. 따라서 나는 노예제 폐지론자이다."

개리슨은 종종 노예제를 강력하게 반대하는 논변에서 독립 선언서의 표현을 사용하곤 했다. 독립 선언서는 1833년에 그가 작성한 미국 반노예제 대회 취지 선언문에서 중요한 역할을 했다. 이 문서에서 그는 독립 선언서의 주장을 환기시켰을 뿐만 아니라 노예제 폐지를 반 세기 이전에 이루어진 독립과 직접 연관시킴으로써 노예제 폐지라는 문제를 역사적 연속성 위에 놓았다.

외국의 압제로부터 이 나라를 해방하기 위한 방책을 고안하기 위해 일단의 애국파가 이 자리에 모인 지 50년의 시간이 흘렀습니다. 그들이 자유의 신전에 놓은 주춧돌은 이러합니다. "모든 사람은 평등하게 태어났으며, 조물주로부터 양도할 수 없는 권리를 부여받았다. 그 권리 중에는 생명, 자유, 행복의 추구가 있다." 그들의 나팔소리에 맞추어 3백만의 사람들이 죽음의 잠에서 깨어나 피의 투쟁으로 달려갔습니다. 노예로서 한 시간을 살기보다는 바로 죽는다 하더라도 자유민으로서 살아가는 것이 영광스러운 일이라고 간주하면서 말입니다. 그들은 얼마 되지 않았습니다. 자원도 보잘 것 없었습니다. 그러나 진리, 정의, 권리가 자신들의 편이라는 확신을 가지고 있었고, 이로써 그들을 이길 수 있는 것은 아무 것도 없게 되었습니다.

우리는 선조들이 완성시키지 못한 과업의 성취를 위해 모였습니

대통령을 지낸 존 퀸시 애덤스는 아미스타드 호에서의 아프리카인 반란 사건을 맡기 이전에 이미 반노예제 견해를 가진 것으로 유명했다. 그의 유창한 변론으로 이들은 석방되어 아프리카로 돌아갈 권리를 얻었다.

다. 이 과업의 중대함과 엄숙함, 그리고 세계의 운명에 미칠 결과로 인해 이 과업은 도덕적 진리라는 점에서나 물리적 효과라는 점에서 선조들의 과업을 넘어서는 것입니다.

대법원

대법원은 오랜 기간 100건 이상의 소송에서 내린 지침으로 독립 선언서의 노넉석인 힘이 되었다. 소송의 대부분은 민권이라는 쟁점에 관련된 것이었다. 아미스타드 소송은 독립 선언서가 이 나라의 근본적인 정신임을 보여주는 사건이다.

1839년 2월 두 명의 포르투갈 노예상인이 불법적으로 시에라리온에서 일단의 사람을 잡아 쿠바의 노예시장으로 이들을 수송하기로 했다. 두 명의 에스파냐 농장주가 53명의 남녀를 구입한 것이다. 7월 1일 아미스타드 호를 타고 쿠바로 가던 중 아프리카인들은 선장과 요리사를 살해하고 배를 장악하였다. 그들은 아프리카로 돌아가기 위해 두 명의 에스파냐인을 살려 두었는데 이들은 배를 동쪽으로 몰았고, 결국 8월 24일 미국 배 워싱턴 호에 나포되었다. 아프리카인들은 살인죄목으로 코네티컷 주의 뉴헤이븐에 수감되었으며, 에스파냐 농장주들은 풀려났다. 아프리카인들은 곧 살인죄목을 벗었지만 계속해서 감옥에 있었고, 이들을 어떻게 처리할 것인가가 논쟁이 되었다. 논쟁은 소유권을 둘러싸고 벌어졌다. 에스파냐 정부가 말하는 것처럼 그들이 에스파냐인의 소유이고 따라서 쿠바로 송환되어 반란과 살인죄로 재판을 받아야 하는가? 아니면 그들이 인간이고, 따라서 살인죄가 없기 때문에 자유로운가?

코네티컷 지방법원이 이들은 자유인이고 아프리카로 돌아가야 한다고 판결하자, 남부 노예주의 지지를 잃지 않으려 했던 마틴 밴 뷰런 대통령은 에스파냐 정부의 압력 속에 이 사건을 연방대법원으로 가져갔다. 독립 선언서 서명자의 손자인 아프리카인측 변호사 로저 볼드윈은 존 퀸시 애덤스(존 애덤스의 아들)에게 이 사건이 대법원에서 처리할 수 있는 것인지를 물었다.

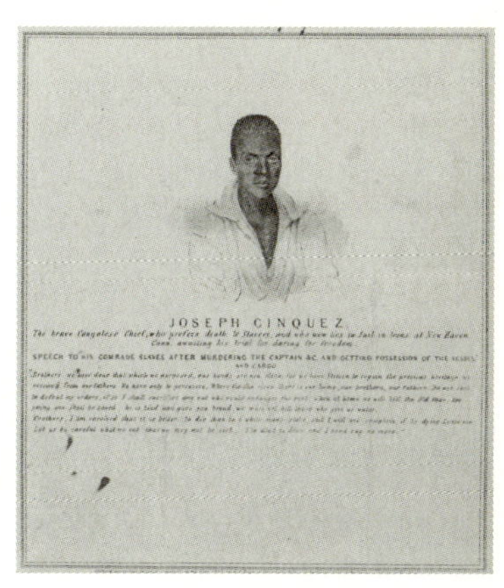

아미스타드 호 반란 사건의 지도자인 조셉 킨크의 초상화는 재판 당시 『뉴욕선』지가 판매를 위해 내놓았던 것이다. 아랫 부분에 인용되어 잇는 킨크의 연설은 반란 후에 그의 동료들에게 한 것이다. "형제들이여, 우리는 우리가 의도했던 것을 했습니다. 우리의 손은 이제 조상에게서 받은 고귀한 유산을 다시 얻기 위해 싸웠기 때문에 깨끗해졌습니다. …… 나는 백인의 노예로 살기보다는 차라리 죽는 것이 더 낫다고 맹세합니다."

애덤스는 아미스타드 소송 심리가 대법원에서 진행되던 1841년에 73세였다. 미합중국 대통령직을 그만둔 후 그는 1831년에 하원의원이 되었으며, 이곳을 무대로 반노예제 활동가로 명성을 날렸다. 그는 아프리카인들의 고통에 큰 충격을 받았지만, 아미스타드 소송은 이용할 수 있는 법적 판례가 전혀 없었기 때문에 쉬운 사건이 아니었다.

결국 애덤스는 근본 원리로 돌아갔다. 그는 8시간 이상 지속된 이틀간의 심리에서 다음과 같이 변론했다. "저는 제 의뢰인들에 해당하는 그 어떤 법도 찾아내지 못했습니다. 그러나 우리의 선조들이 우리에게 주었던 자연법과 자연신의 법이 있습니다." 그리고 나서 그는 자신의 변

대법원장 로저 B. 토니(왼쪽)는 드레드 스콧 재판을 관장했다. 스콧(오른쪽)은 자신이 자유주에서 거주했기 때문에
자유를 얻었다고 주장했지만, 토니는 독립 선언서를 인용하면서 그의 주장을 기각했다.

론에 도덕적 힘을 부여하기 위해 독립 선언서를 이용했다. "부끄럽지 않
고 온화한 언어를 통해 이러한 요구〔아프리카인들을 쿠바로 송환하는 것〕
를 말하는 것이 가능합니까? …… 검은 선의 삭제 과정은 도금된 액자에
들어 있는 이 두 개의 독립 선언서를 거부하는 것입니까? 1776년 7월 4
일은 불명예스럽고 치욕적인 날이 되었습니까?"

이 소송은 분명히 소유권에 기초한 것이긴 했지만 애덤스는 변론
을 노예제 자체의 정당성을 논박하는 것으로 확대했던 것이다. 그는 독
립 선언서가 이 소송을 종결시킨다고 주장했다. "모든 사람이 생명과 자
유라는 양도할 수 없는 권리를 가지고 있다는 독립 선언서를 보는 순간
이 소송은 결정된 것입니다. 나는 이 불행한 사람들을 대신해서 독립 선
언서 이상의 것을 요구하지 않습니다."

대법원이 판결을 내리는 데는 한 달이 걸렸지만, 조셉 스토리 판사

가 작성한 판결문은 인간이 재산이 아니며 따라서 아프리카인들은 자유롭다는 것으로 결정됐다. 결국 아미스타드 호와 코네티컷 주의 감옥에서 살아 남은 35명의 아프리카인은 시에라리온으로 돌아갔다. 이들이 고향으로 돌아가는 데 드는 비용은 자선 기부를 통해 모아졌다.

드레드 스콧 사건의 경우, 1856년에 대법원으로 갔다. 미육군 외과 의사의 개인 노예였던 스콧은 노예주인 미주리 주를 떠나 자유주인 일리노이 주에서 살다가 (자유주인) 위스콘신 준주로 갔다. 주인이 죽은 후 그는 주인 가족에게 소송을 제기해 자신과 가족의 자유를 얻었다. 이때 근거는 자유주에서 살았기 때문에 노예 신분이 끝났다는 것이었다. 이 소송으로 대법원이 분열되었고, 마지못해 미주리타협*이 위헌이라고 선언했다. 비록 대법관 로저 B. 토니의 판결이 스콧의 주장을 기각하는 것이었지만 말이다.

법원의 견해로는 일리노이 법률이 미주리 거주자에게 적용될 수 없으며, 따라서 스콧의 노예 상태는 철회되지 않았다는 것이었다. 좀더 중요한 점으로는 그가 흑인이기 때문에 미합중국의 시민이 아니고, 따라서 연방법원에 소송을 제기할 수 없다는 것이었다. 토니는 노예제가 독립 선언서에 들어 있는 약속과 배치된다는 노예제 폐지론자들의 주장에 대해 이렇게 언급했다. "노예화된 아프리카 인종은 이 독립 선언서를

---

* 1817년 미주리가 주로서 연방에 가입 신청을 했을 당시 미국에는 11개의 자유주와 11개의 노예주가 있었다. 미주리가 노예주로 가입 신청을 했기 때문에 자유주와 노예주의 균형이 깨질 우려가 있어 이를 둘러싸고 논란이 있었다. 그런데 1819년 동북부의 메인이 매사추세츠 주에서 분리하여 연방에 가입하려 했기 때문에 일종의 타협안으로 미주리는 노예주로 메인은 자유주로 연방에 가입시켜 지역 균형을 맞추고, 미주리의 남쪽 경계선인 북위 36° 30′ 의 북쪽에서는 노예제를 금지한다는 타협이 이루어졌다.

에이브러햄 링컨이 1861년 2월 2일 깃발이 드리워진 필라델피아의 독립 기념관에서 연설하고 있다. 그는 취임을 위해 워싱턴 D.C.로 가는 도중에 이곳에 들렀다. 그의 즉석 연설은 독립 선언서가 한 약속에 대한 그의 믿음을 재확인한 것이었다.

고안하고 채택한 사람들의 일부분이 아니며, 그것에 포함되지 않았다는 것은 분명하다." 소수 의견을 가진 대법원의 다른 판사들은 이 판결을 여러 근거에서 비판하였지만, 판결은 유효했다.

에이브러햄 링컨과 독립 선언서

에이브러햄 링컨은 정치가로 성장할 때 드레드 스콧 판결을 맹렬하게 공격했다. 그가 보기에 이 판결은 자신의 정치적 신조와 배치될 뿐만 아니라 미국이 대변하는 것을 배반한 것이었다. 그는 마음속 깊이 건국의 아버지들을 존경했으며 독립 선언서에서 영감을 얻었다. 1861년 대통령으로 선출된 이후 그는 이렇게 말했다. "내가 가지고 있는 모든 정치적 견해는 할 수 있는 한 이 홀에서 전세계에 말한 견해로부터 끌어온 것입니다. 그리고 나는 정치적으로 독립 선언서에 체현되어 있는 견해에서 나오지 않은 어떠한 생각도 가지고 있지 않습니다."

링컨은 존 C. 캘훈과 같은 노예제 지지자들이 독립 선언서를 공격한 것에 신경을 썼다. 사우스캐롤라이나 주 출신 상원의원인 캘훈은 독립 선언서가 인간의 평등에 대해 주장한 것에는 "전혀 진실이 들어 있지 않다"라고 하면서 그러한 문구는 이 유명한 텍스트에 들어 있는 오류라고 주장했다. 링컨은 이러한 주장에 이의를 제기했고, 다른 쟁점에 대해서도 그러했다. 예를 들어 1857년 6월의 유명한 시카고연설에서 링컨은 여전히 오늘날까지 수많은 독립 선언서의 독자들을 당혹스럽게 하고 있는 쟁점을 직접 거론했다. 그것은 모든 사람에게 자유를 약속하고 있는 이 문서가 노예 소유주들에 의해 작성되고 서명되었다는 사실이다.

저 유명한 문서의 저자들은 모든 사람을 포함시키려 했지만, 모든 면에서 모든 사람이 평등하다고 말하려 했던 것은 아닙니다. 그들은 모든 사람이 피부색, 몸집, 지능, 도덕적 상태, 사회적 능력에서 평등하다고 말한 것이 아닙니다. 그들이 모든 사람은 평등하게 ── "양도할 수 없는 권리를 부여받았다. 그 권리 중에는 생명, 자유, 행복의 추구가 있다"는 점에서 ── 창조되었다고 생각한 것을 고려할 때 그들에게 차이란 허용될 수 있는 것이었습니다. 이것이 그들이 말하려고 했던 것입니다. 그들은 모든 사람이 실제로 평등을 향유하고 있다거나 즉시 그들에게 평등을 부여할 수 있다는 등의 명백한 거짓을 주장하려고 했던 것이 아닙니다. 실제로 그들에게는 그런 은혜를 베풀 힘이 없었습니다. 그들은 그저 권리를 선언했던 것이고 따라서 그것의 실시는 상황이 허용하는 데 달려 있습니다. 그들은 모든 사람에게 친숙하고 존중받는 자유사회를 위한 표준적인 행동원리를 세우려 했던 것입니다. 완전히 달성되지 않을지라도 끊임없이 주의를 돌리면서 끊임없이 이를 위해 노력하는, 그래서 지속적으로 다가가고 그에 따라 그 영향력이 확대되고 깊어지며 모든 곳의 어떤 피부색을 가진 사람들에게도 행복과 삶의 가치를 증진시키게 되는 그런 행동원리 말입니다.

링컨에게 독립 선언서는 정의로운 사회의 궁극적인 목표를 수립한 것이었다. 그러한 사회의 모든 구성원은 이를 주장할 권리를 가지고 있다는 것이다. 독립 선언서는 또한 모든 곳의 모든 사람에게 적용될 수 있는 포괄적인 정신 때문에 보편적인 문서였다.

독립 선언서에 대한 링컨의 확대 해석은 1858년 일리노이 주 상원의원 선거의 경쟁 상대인 스티븐 더글러스와의 유명한 논쟁에서 초점이 되었다. 더글러스는 저명한 정치인으로 1843년 이래 계속해서 의원을 지냈고, 이번이 세번째 상원의원직 도전이었다. 그는 당 내에서 불화를 일으키는 인물이긴 했지만 지도적인 민주당원이었다. 그는 '주민 주권' 정책 혹은 노예제 문제를 주 차원에서 결정해야 한다는 정책을 들고 자주적으로 민주당 정책에 반대한 적이 있을 정도로 거물이었다. 다른 한편 링컨은 전국 정치의 초보자였으며, 그런 만큼 선거에서 이길 가능성도 별로 없었다.

더글러스의 유명세 때문에 이 선거 운동은 전국적인 관심을 끌었다. 당시 상원의원은 주민 투표로 선출하지 않고 주 입법부에서 선출하긴 했지만(이러한 관행은 1913년까지 지속되었다), 더글러스와 링컨은 주 전역을 돌면서 대중 앞에서 유세를 했다. 링컨은 더글러스와 일곱 번의 토론을 제안했고 더글러스는 마지못해 이에 응했다. 이 토론은 상원의원직 이상의 쟁점을 다루었다. 두 번의 토론은 노예제의 장래에 관한 것이었는데 실제로는 미합중국의 장래에 관한 것이었다.

에이브러햄 링컨은 독립 선언서에 표명되어 있는 사상이 미국이 지향해야 하는 목표를 표현하고 있다고 믿었으며, 노예제 종식을 위한 연설에서 이 텍스트를 자주 인용했다.

링컨이 종종 인용했던 독립 선언서는 두 사람 사이에서 논쟁거리가 되었다. 둘 모두 텍스트가 자신의 주장을 뒷받침한다고 주장했던 것이다. 더글러스는 독립 선언서가 백인뿐만 아니라 흑인에게도 동등한 권리를 보장한다고 하는 링컨의 주장을 이렇게 반박했다.

깜둥이와 백인이 독립 선언서와 신의 은총에 의해 평등하게 되었다고 말한 링컨의 시카고독트린은 끔찍한 이단이라는 것을 여러분에게 말합니다. 독립 선언서 서명자들은 이 문서를 작성할 때 깜둥이를 전혀 생각하지도 않았습니다. 그들이 모든 사람의 평등을 선언할 때 그들이 말한 것은 백인, 즉 유럽 태생이며, 유럽인의 혈통을 가지고 있는 사람이었습니다. …… 이 선언서가 발표되었을 때 13개 식민지 모두 노예 소유 식민지였으며, 이 문서에 서명한 모든 이가 노예 소유 유권자를 대변하고 있었습니다. 그리고 서명한 이후에 그 누구도 노예를 해방하지 않았고, 하물며 평등권을 부여하지도 않았다는 것을 상기하십시오. 반대로 그들 모두는 독립전쟁기에도 계속해서 깜둥이를 노예로 보유하고 있었습니다. …… 독립 선언서가 깜둥이를 포함하고 있다고 말한다면 그것은 독립 선언서 서명자들이 위선적이었다고 고발하는 것입니다. 솔직히 제 생각으로는 이 정부가 백인의 기초에서 우리 선조들에 의해 만들어졌다고 여러분에게 말하는 바입니다. 이 정부는 백인과 그 후손을 위해 백인이 만들었으며 언제까지나 백인이 통치하도록 만든 것입니다.

이에 대해 링컨은 이렇게 응수했다.

독립 선언서가 발표된 뒤부터 지난 3년 전까지의 모든 기록을 헛되어 조사한 듯합니다. 깜둥이가 독립 선언서에 포함되지 않는다는 단 하나의 주장을 스스로 확인하려고 말입니다. 나는 더글러스 판사에게 그가 그렇게 말했는지를, 워싱턴이 그렇게 말했는지를, 어느 대통령이 그렇게 말했는지를, 의회의 누가 그렇게 말했는지를 제시하라고 요구하고자 합니다. …… 그리고 더글러스 판사와 그의 청중에게 다음의 사실을 환기하고자 합니다. 의심할 바 없이 제퍼슨 씨가 노예 소유주였지만 이 주제에 관해서는 "신이 정의롭다는 것을 기억하면서 이 나라를 심히 염려한다"며 강한 어조로 이야기했습니다.

비록 링컨이 선거에서 지기는 했지만, 이 선거운동으로 그는 주요한 정치가로 부상했고, 더글러스의 당 내 입지는 여실히 좁아졌다. 1860년의 대통령 선거에서 링컨이 더글러스를 누르고 승리한 것은 이것의 직접적인 결과였다. 링컨은 정치 활동 내내 독립 선언서에 의존했다. 그가 독립 선언서를 자주 인용하였기 때문에 이 역사적인 문서는 새롭고도 지속적인 반향을 낳았으며, 미국인의 삶을 규정하는 신조가 되었다.

필라델피아 주 의사당에서 있었던 대통령 취임식에서 링컨은 즉석 연설을 통해 독립 선언서에서 말한 약속의 우선성에 대해 이야기했다.

1847년부터 1861년까지 일리노이 출신 상원의원을 지낸 스티븐 A. 더글러스의 동상은 일리노이 주 의사당 밖에 서 있다. 1860년 대통령 선거 기간 동안 벌어진 링컨과 더글러스의 토론은 독립 선언서에 대한 서로 다른 해석과 관련이 있었다.

나는 종종 이 연방이 그토록 오래 유지된 것이 어떤 위대한 원칙이나 사상 때문이었는지에 대해 스스로에게 물어보곤 합니다. 그것은 단순히 식민지들이 모국에서 분리되었기 때문만은 아니었습니다. 그것은 이 나라 사람들에게만이 아니라, 희망컨대 장래에 전세계의 사람들에게 자유를 주려 했던 독립 선언서의 주장입니다. 언젠가 모든 사람의 어깨 위에 그 무게가 지워질 약속을 주었던 것입니다. 이것이 독립 선언서에 체현되어 있는 주장입니다. 자, 벗들이여! 이 나라가 이런 기초 위에서 구해질 수 있을까요? 만약 그럴 수 있다면, 그리고 내가 그것에 조력할 수 있다면 나는 나 자신을 세상에서 가장 행복한 사람 가운데 하나로 생각할 것입니다. 이 나라가 이런 원칙 위에서 구해질 수 없다면 그것은 끔찍한 일입니다. 그러나 이 나라가 그러한 원칙을 포기하지 않고는 구해질 수 없다면 나는 굴복하기보다는 이 자리에서 암살당하는 것이 낫다고 감히 말하렵니다.

"나에게는 꿈이 있습니다"

에이브러햄 링컨은 독립 선언서가 '모든 시대의 모든 사람에게 적용될 수 있는 추상적 진리'를 제시했다고 믿었다. 그리고 독립 선언서가 민권의 진전에서 지속적으로 사람들을 모이게 하는 구호로 제시된 점을 보면 그가 옳았다고 할 수 있다.

마틴 루터 킹 2세*는 그의 일생에서 가장 유명한 연설이자 민권운동에 길이 남을 연설에서 다시금 미국의 건국 정신을 불러냈다. 적절하게도 이 연설은 1963년 8월 워싱턴행진이 절정에 달했을 때 링컨 기념관 앞에서 행해졌다. 이 해는 게티즈버그 연설과 모든 노예를 자유롭게 한 노예해방령이 나온 지 100년이 되는 때였다.

---

* 마틴 루터 킹 2세(Martin Luther King, Jr., 1929~1968)는 미국의 침례교 목사이자 민권운동의 지도자이다. 간디의 영향을 받은 시민 불복종과 비폭력 직접행동이라는 사상을 통해 1950년대 후반부터 흑인민권운동의 주요한 지도자로 부각되었다. 1963년 8월의 워싱턴행진에서 했던 「나에게는 꿈이 있습니다」라는 연설은 흑백통합을 향한 그의 열망을 잘 보여주는 유명한 연설이다. 1964년 노벨평화상을 수상했고, 이후 베트남전쟁 반대, 흑인빈민 후원활동 등을 하다 1968년 암살당했다.

마틴 루터 킹 2세가 1963년 8월 링컨 기념관에서 워싱턴행진에 모인 군중을 향해 '나에게는 꿈이 있습니다'라는 연설을 하고 있다.

오늘 우리는 치욕스러운 상황을 극적으로 표현하기 위해 모였습니다. 어떤 의미에서 우리는 수표를 현금으로 바꾸기 위해 이 나라의 수도에 모였습니다. 공화국의 창조자들이 헌법과 독립 선언서의 숭고한 문구를 썼을 때 그들은 약속어음에 서명을 한 것이며, 모든 미국인은 이것을 받아 후손들에게 전해주었습니다. 이 어음은 모든 사람, 백인은 물론 흑인에게도 '생명, 자유, 행복의 추구'라는 양도할 수 없는 권리를 보장하는 약속이었습니다.

오늘날 미국은 시민들의 피부색이 문제가 될 때에는 이 약속어음에 대한 지불을 거부하고 있다는 것이 명백합니다. 미국은 이 신성한 의무를 지키는 대신 흑인들에게 '잔고 부족'이라고 찍힌 부도수표를 주었습니다. 그러나 우리는 정의의 은행이 파산했다고 믿지 않습니다. 우리는 기회라는 이 나라의 거대한 저장고에 충분한 자금이 있다고 믿습니다. 그래서 우리는 이 수표, 자유의 부와 정의의 보장을 요구하는 수표를 현금으로 바꾸기 위해 모였습니다.

나에게는 꿈이 있습니다. 언젠가 이 나라가 우뚝 서서 "우리는 모든 사람이 평등하게 태어났다는 것을 자명한 진리라고 주장한다"라고 한 신조의 참된 의미를 몸소 실천하는 날이 오리라는 꿈입니다.

킹의 꿈은 링컨이 생각했던 범위를 넘어서는 것이었다. 그리고 제퍼슨이 생각했던 것을 훨씬 넘어서는 것이었다. 오늘날 독립 선언서는 여전히 민권이라는 쟁점의 핵심에 놓여 있다. 예를 들어 차별수정계획*의 찬성자나 반대자 모두 자신의 입장을 뒷받침하기 위해 독립 선언서를 인용하고 있다. 독립 선언서가 가진 무한한 범위로 볼 때 확실히 이것은 미국적인 문서이다.

자유의 헌장

독립 선언서는 정신적으로만 살아 있는 것이 아니라 물리적으로도 존재하고 있는 문서이다. 독립 선언서는 독립전쟁 시기에 대륙회의와 함께

---

* 오랜 세월 동안 차별받아온 흑인을 비롯한 소수계 인종 및 여성의 사회적 지위 향상을 위해 미국에서 연방정부의 정책과 법원의 명령으로 추진하고 있는 일종의 우대 조치. 1960년대 이후 시행되고 있으며, 대학 등 교육기관의 입학 정원 쿼터제와 고용에서의 쿼터제가 대표적인 방책이다.

1812년 영국과의 전쟁으로 의사당과 백악관이 불탔을 때 독립 선언서는 버지니아 주의 리스버그에 있는 개인집에 보관되어 파괴되지 않았다.

안전한 피난처를 찾아다님으로써 피해를 입지 않았다. 1812년 의사당이 불탔을 때는 버지니아 주의 리스버그에 있는 개인집으로 안전하게 숨겨졌고, 제2차 세계대전 동안에는 포트녹스에 보관되었다.

독립 선언서는 여러 차례 재난을 피하긴 했지만 세월을 이기지는 못했다. 만들어진 지 50년이 지났을 때 이미 상태가 좋지 않다는 보고가 나왔다. 왜냐하면 너무 많이 사용했을 뿐만 아니라 복사할 때 잉크를 묽게 하고 양피지를 약화시키는 '습윤전사' 방식을 썼기 때문이다. 100주년이 되던 1876년에는 상태가 아주 나빠서 부서질 정도였다. 결국 독립 선언서는 튼튼한 액자에 담겨 더 이상 사용하지 않게 되었지만, 햇빛에 노출되어 상태가 더 나빠지게 되었다.

1952년 성대한 기념식과 함께 독립 선언서는 젤라틴 처리를 한 유리 상자에 담겨 햇빛에 노출되지 않도록 했으며, 산화를 방지하기 위해 상자에 헬륨을 채웠다. 이것은 2001년까지 의회도서관에 전시되어 있다가 2년간의 보존처리 과정을 위해 옮겨졌다. 오랜 세월에 걸쳐 만들어진 흠집을 제거하기 위해 양피지는 습기처리되었다. 그리고 나서 잉크가 벗겨진 곳이 있는지 각 글자를 현미경으로 조사했다. 벗겨진 곳은 특수 접착제를 이용해서 손질했으며, 양피지에 난 흠집은 일본의 특수지를 이용해서 수선했다.

오늘날 독립 선언서 초고는 부조세공을 하여 워싱턴 D.C.에 있는 국립 문서고에서 보관하고 있다. 티타늄 액자에 들어 있는 독립 선언서는 연방헌법, 권리장전과 함께 존 러셀 포프가 설계한 원형 홀에 전시되어 있다. 포프는 제퍼슨 기념관의 설계자이기도 하다.

역사적 장소

대륙회의가 독립 선언서에 대해 토론하고 서명한 장소인 펜실베이니아 주 의사당은 오늘날 독립 기념관이 되었고 유네스코 세계유산으로 지정되었다. 이곳은 필라델피아의 국립 독립 기념 역사공원의 일부로 보존되고 있다. 여기에는 1776년 7월 8일 독립 선언서의 첫번째 낭독을 알렸던 자유의 종도 있다. 또한 제퍼슨이 독립 선언서를 작성할 때 묵었던 그라프하우스(오늘날 독립 선언서 기념관으로 알려져 있다)도 이 공원의 일부이다. 이곳에는 제퍼슨이 글을 쓸 때 사용했다는 회전의자와 책상이 전시되어 있다.

토머스 제퍼슨은 자신이 작성한 독립 선언서가 일생의 커다란 업적 중 하나라고 믿었다. 묘비에 새겨지기를 바라면서 작성한 묘비명에서 그는 다음과 같이 쓰고 있다. "미국 독립 선언서의 저자이며 버지니아 종교 자유 선언의 저자, 그리고 버지니아대학의 창립자."

그가 독립 선언서를 썼다는 점은 워싱턴 D.C.에 있는 제퍼슨 기념관에서 더 잘 찾아볼 수 있다. 프랭클린 D. 루스벨트 대통령은 애국심을 고취하고 제2차 세계대전의 지지를 끌어내기 위해 제퍼슨을 기념하자는 아이디어를 냈다. 의회는 1934년에 제퍼슨 기념관 건립 계획을 다룰 위원회를 승인했다. 이와 관련해 건축

1776년 7월 8일 독립 선언서가 최초로 낭독될 때 울렸기 때문에 자유의 종이라는 이름이 붙은 이 종은 펜실베이니아 주 필라델피아에 있는 국립 독립 기념 역사공원에 전시되어 있다.

계에서는 논란이 있었는데, 그것은 선출 과정이 공개적이지 않았기 때문이다. 기념관 설계의 영예는 존 러셀 포프에게 돌아갔으며, 그는 기념관을 로마의 판테온*에 기초해서 만들었다. 제퍼슨도 자신의 집 몬티첼로와 버지니아대학을 건축할 때 판테온의 돔 형식을 주요한 요소로 삼은 바 있다. 돔 내부에는 거대한 제퍼슨 동상이 서서 백악관을 바라보고 있다. 동상 받침대와 홀 내부에는 독립 선언서 본문이 새겨져 있다.

---

* 로마에 있는 신전으로 115~125년 경 하드리아누스 황제 때 건조되기 시작하여 피우스 황제 때 완성되었다. 돔 형식으로 만들어진 이 건물은 미의 비례적 구성이라는 면에서 서양 건축사의 걸작으로 꼽힌다. 판테온은 '모든 신들의 신전'이라는 뜻을 가지고 있기 때문에 만신전이라고도 번역하며, 오늘날에는 국가적 영웅들에게 바치는 건물이라는 뜻으로 확장되어 쓰이고 있다.

우리는 다음의 것을 자명한 진리라고 생각한다. 모든 사람은 평등하게 태어났으며, 조물주로부터 양도할 수 없는 권리를 부여받았다. 그 권리 중에는 생명, 자유, 행복의 추구가 있다. 이 권리를 확보하기 위해 인류는 정부를 조직했다. …… 이 식민지의 선량한 인민의 이름과 그 권한으로 엄숙히 발표하고 선언하는 바이다. 이 연합 식민지는 자유롭고 독립된 국가이며, 또 마땅히 그래야만 한다. …… 이에 우리는 신의 가호를 굳게 믿으면서, 우리의 생명과 재산과 신성한 명예를 걸고 이 선언을 지지할 것을 서로 굳게 맹세하는 바이다.

이 인용문은 독립 선언서를 작성하던 당대의 역사적 필요성을 반영한다기보다는 현재 우리의 해석을 반영하고 있다. 그러나 그것은 그 자체로 중요한 어떤 점을 증명하고 있다. 독립 선언서는 살아 있는 문서로서 오늘날에도 논쟁과 해석에 열려 있다는 사실을.

Comment on the Text

해제_오늘날의 『독립 선언서』

오늘날의 『독립 선언서』

안효상

오늘날 독립 선언서가 '살아 있는 문서'라고 보기는 어렵다. 최소한 우리에게는 그러하고, 아마 미국인을 제외한 전세계 대다수 사람들에게도 그러할 것이다. 그 이유 가운데 하나는 '인간의 양도할 수 없는 권리'인 '생명, 자유, 행복의 추구'라는 의제가 진부할 정도로 일반화되었다는 데 있다(물론 그러한 의제가 일반화되었다는 것이지, 그것이 달성되었다는 것은 아니다. 사실 그것이 달성될 수 있기나 한 것인지……). 인간의 권리를 근거로 하고, 또 그것을 목표로 한 근대라는 시대에 수많은 선언과 투쟁이 명멸했기에 우리는 독립 선언서에 의지하지 않고서도 그러한 의제를 제출하고 추구할 수 있는 것이다.

다른 하나의 이유는 오늘날 미국이라는 나라가 누리고 있는 위치, 보이고 있는 행태와 관련이 있다. 다 아는 것처럼 여러 면에서 우월한 자원과 힘을 가지고 있는 미국은, 특히 냉전 종식 이후 오만한 제국의 모습을 보이고 있다(이 제국이 지금 쇠퇴 국면에 들어섰는지 아닌지는 물론 논란거리이다). 따라서 이 오만한 제국이 그 언젠가 식민지로서 또 다른 '폭압적인' 제국에 맞서 독립을 쟁취했다는 사실을 떠올리는 일은 그리 쉬워 보이지 않는다. 그러니 독립 선언서의 운명도 마찬가지리라.

그렇다고 해서 독립 선언서가 죽어버린 문서라고 단정할 수는 없다. 토머스 제퍼슨의 말처럼 '미국인의 정신'을 표현한 독립 선언서는 우리가 미국을 이해하기 위한 역사적 문턱이라 할 수 있다. 다시 말하면 저 오만한 제국의 자극적인 언사와 행태에 분노하는 것을 넘어서서 어떻게 그 오만함이 나오게 되었는지를 파악하고자 한다면, 독립 선언서의 정신 세계를 이해하는 것은 피할 수 없는 일이 된다. 물론 이는 출발점에 불과하고, 따라서 연방헌법과 합중국의 건설, 영토 확장과 산업화, 남북전쟁과 재건, 제국주의로 이어지는 미국 역사의 흐름 속에서만 오늘의 미국을 제대로 이해할 수 있다는 것이 전제되어야 할 것이다.

미국혁명(미국 독립전쟁)이라고 부르는 역사적 사건 속에서 발표된 독립 선언서는 사실 매우 보수적인 문서라 할 수 있다. 북미 대륙에 대한 영국의 식민 사업은 이윤을 추구하는 사기업이 주도하는 양상을 띠었다. 이 속에서 이후 남부라고 불리게 될 지역에서는 시장을 위한 생산(예컨대 담배의 생산과 판매)을 목표로 하는 대농장이 자리잡게 되었다. 여기에 더해 필요한 노동력을 확보하기 위해 이주민에게 토지를 부여하는 유인책을 썼고, 이를 통해 대농장주뿐만 아니라 독립적인 자영농도 사회의 중요한 부분을 차지하게 된다. 남부와 달리 상당수가 종교적 동기에서 이주했던 북부에서도 이윤을 추구하는 정신은 마찬가지였다. 다만 자영농과 상인들이 주를 이루었다는 점이 달랐을 뿐이다.

17세기 후반이 되면 북미 대륙의 식민지에는 대농장주, 자영농, 상인 등이 뚜렷한 사회 세력으로 자리잡게 되는데, 이들은 이윤 추구를 율법으로 하고 시장을 신으로 모시는 사유 재산의 공동체라 할 수 있다. 따라서 자유로운 경제 활동에 대한 요구는 종교적 자유와 더불어 최대한 본국의 간섭을 배제하는 정치를 필요로 했고, 이는 식민지의 자치(민병대와 지방정부)라는 미국식 민주주의의 원형을 형성하게 된다.

이렇게 자유롭게 발전하고 있던 식민지에 대해 17세기 중반 영국이 중상주의적 규제를 강화하려고 했을 때 당연히 갈등은 불가피한 것이었다. 시간이 좀 필요하긴 했지만 ("대표 없이 과세 없다"라는 구호 속에서 알 수 있듯이) 아메리카인들은 자신들의 자유로운 경제 활동과 사유 재산을 침해하려는 권력에 맞서, 권력에 대한 나름대로의 이해와 자신들의 경제 활동에 적합한 정치 형태와 과정을 내세우게 된다. 그리고 이러한 아메리카인들의 이해와 구상이 담겨 있는 것이 독립 선언서라 할 수 있다. 이들이 말하는 으뜸가는 인간의 권리는 생명, 자유, 행복의 추구였는데, 이는 사유 재산의 보존과 이윤 추구를 위한 것이었다. 그렇기에 규모와 사회적인 경제 활동에서 차지하는 위치는 서로 달랐지만, 식민지의 다수가 이에 공감할 수 있었다. 이런 점에서 보면 독립 선언서는 분명 새로운 시대의 시작을 알리는 것이긴 했지만, 이미 식민지에서 발전하고 있는 사회의 원리와 목표를 확인하고 지키려는 보수적인 성격을 가졌다고 할 수 있다. 이런 점은 특히 인종주의적 노예제가 인간의 권리를 주장한 혁명 속에서 폐지되지 않았다는 사실을 염두에 둘 때 두드러진다. 아메리카인들에게 노예는 인간이기 이전에 사유 재산이었던 것이다.

하지만 독립 선언서는 다른 의미에서는 혁명적인 문서였다. 처음에는 영국인의 권리에 의거해 부당한 과세를 철회해 달라는 청원과 항의를 하던 아메리카인들은 이후 자신들의 '권리'를 지키기 위해서는 어쩔 수 없이 독립을 해야 한다는 생각에 도달한다. 그런데 여기서 말하는 독립은 새로운 정치 형태, 즉 인민의 행복을 가장 잘 보장할 수 있는 정부의 수립이었다. 그리고 그러한 정부의 기초는 인민의 동의와 참여이다. 이렇게 자유주의적인 권리와 목표를 지향하며 공화주의적인 원리에 기초하여 만들어지게 될 나라가 미국이고, 독립 선언서가 그 대강을 지시했다는 점에서 미국혁명은 말 그대로 혁명적인 사건이었다. 다시 말하면 아메리카인들은 지구상에 공화제 정부를 최초로 만들어낸 사람들이었던 것이다. 그리고 '언덕 위의 도성'을 세우기 위해 '신대륙'으로 향했던 청교도들의 선민의식과 의지가 여기에 기여한 바는 말할 필요도 없을 것이다.

그러나 독립 이후 세계 체제의 압력 속에서 미국이 강력한 연방국가의 건설이라는 방향을 잡았을 때, 최초의 공화제 정부를 만들어냈다는 자부심은 선민의식 속에서 민족주의적 변형을 겪게 된다. 이는 '명백한 운명'이라는 구호 아래 북미 대륙의 영토 확장으로, 중남미에 대한 영향력의 확대로, 여타 세계에 대한 제국주의적 진출로 증폭된다. 아메리카 원주민은 '프론티어' 너머로 배제되고, 흑인 노예는 내부 식민지에 고착되는 이 과정 속에서 자유주의와 공화주의는 재산 소유자 남성 백인의 권리를 옹호하는 이념으로 축소되거나 배반당한다. 그렇기 때문에 여성의 권리 요구, 식민지의 민족 해방 투쟁, 흑인 민권 운동을 비롯한 다양한 소수자의 투쟁은 출발점에서는 배반당한 꿈의 복원과 확대라는 양상을 취한다. 물론 이러한 흐름 속에서 1960년대 이후 또 하나의 미국이 분명한 모습을 드러내긴 하지만, 많건 적건 재산 소유자의 민주주의라는 독립 선언서의 정신을 벗어나 있지는 못하며, 도리어 그 주위를 맴돌 뿐이다.

'역사적 사회주의'의 붕괴와 냉전 종식 이후 시장 아닌 인간의 교류 관계와 재산 소유자의 민주주의가 아닌 정치 형태에 대한 전망은 당분간 무망한 일로 보인다. 이런 상황에서 '냉전의 승리자'인 미국 문명의 보편성은 그럴듯한 것으로 보이며, 따라서 그 제국의 경계를 벗어나는 일은 문명을 포기하는 일로 보일 것이다. 아마 이것이 오늘날 우리가 처해 있는 딜레마 상황이리라. 미국의 패권과 오만함에 맞서 싸우는 전세계 투사들의 노력이 부질없는 일이거나, 스스로를 게토화하는 일이거나, 또 다른 공포를 불러일으키는 일로 보이는 상황을 타파하고 새로운 보편적인 인간 관계의 전망을 말하는 것은 쉽지 않아 보인다.

이런 상황에서 독립 선언서를 읽는다는 것이 무슨 의미가 있을까? 앞에서 말한 것처럼 그 문서는 잘 해봐야 죽은 것이고, 심하게 말하면 기괴한 모습으로 목숨을 부지하고 있는 일종의 괴물이 아닐까? 그들의 생명과 자유와 행복의 추구가 다른 이들의 죽음이고 부자유이며 불행의 늪이라면 말이다. 하지만 무기의 비판이 비판의 무기를 대신하지 못한다 하더라도, 비판의 노동이 요구된다면 현대 사회의 지배적인 원리가 고스란히 담겨 있고, 그 실천 속에서 불멸의 자리를 차지한 그 문서를 읽는 것이 정말로 의미가 없을까? 더 나아가 그들이 '생명과 재산과 신성한 명예'를 걸고 새로운 시대를 열었듯이, 우리는 그 무엇을 걸고 그렇게 할 수는 없는 노릇일까? 그러기 위해 필요한 것은 독립 선언서에서 독립하는 일일 것이다.

Appendix

부록

토머스 제퍼슨의 독립 선언서 초안

총회에 모인 미합중국 대표들의 선언

인류사에서 한 민족이 이제까지의 종속에서 벗어나고 세계의 여러 나라 사이에서 자연법과 자연신의 법이 부여한 독립, 평등의 지위를 차지하는 것이 필요하게 되었을 때, 인류의 신념에 대한 온당한 고려 속에서 변화할 수밖에 없는 여러 원인을 선언하지 않을 수 없다.

우리는 다음의 것을 자명한 진리라고 생각한다. 모든 사람은 평등하고 독립적으로 태어났으며, 평등하게 태어남으로써 타고난 양도할 수 없는 권리를 부여받았다. 그 권리 중에는 생명의 보존, 자유, 행복의 추구가 있다. 이러한 목적을 보장하기 위해 사람들 사이에 정부가 만들어졌으며, 이 정부의 정당한 권력은 인민의 동의로부터 유래한다. 어떠한 형태의 정부이든 이러한 목적을 파괴할 때에는 언제든지 정부를 변혁 내지 폐지하여 인민의 안전과 행복을 가장 효과적으로 가져올 수 있도록 그러한 원칙에 기초를 두고 그러한 형태로 기구를 갖춘 새로운 정부를 조직하는 것이 인민의 권리이다. 오랜 역사를 가진 정부를 천박하고도 일시적인 이유 때문에 변경해서는 안 된다는 것을 인간의 현명함이 가르쳐주고 있으며, 인간에게는 이미 관습화된 형식을 폐지하면서 악폐를 시정하기보다는 그 악폐를 참을 수 있는 데까지 참는 경향이 있다는 것을 경험이 보여준다. 그러나 특정한 시기에 시작되어 오랜 기간 이어진 학대와 착취가 변함없이 동일한 목적을 추구하고 인민을 자의적인 권력 아래 두려는 계획을 분명히 했을 때에는, 미래의 안전을 위해 새로운 보호자를 마련하는 것이 그들의 권리이자 의무인 것이다. 이와 같은 것이 지금까지 식민지가 견뎌온 고통이었고, 이제야 종래의 정부 체제를 파괴해야 할 필요성이 바로 여기에 있는 것이다. 현 국왕의 역사는 끊임없이 악행과 착취를 되풀이한 역사로서 그 목적은 직접 이 땅에 절대전제 정치를 세우는 데 있는바, 단 하나의 사실도 나머지 사람들의 일치된 대의〔독립〕를 반박할 수 없다. 이를 증명하기 위해 다음의 사실을 정직한 세계에 제출하는 바이며, 우리는 이것이 진실이라는 점에 대해 어떤 거짓으로도 훼손되지 않을 믿음을 가지고 있다.

국왕은 공공선을 위해 대단히 유익하고 필요한 법률을 허가하지 않았다.

국왕은 긴급히 요구되는 중요한 법률이라도 자신이 동의하지 않으면 시행해서는 안 된다고 식민지 총독에게 명령했다. 이렇게 하여 시행이 안 된 법률을 국왕은 다시는 고려하지 않았다.

국왕은 인민에게는 더할 나위 없는 권리이며 오직 전제 군주에게만 두려운 권리인 입법부에서의 대의권을 포기하지 않는다면 광대한 선거구를 조정하는 법률을 허가할 수 없다고 했다.

국왕은 인민의 권리를 침해한 데 대하여 하원이 단호하게 반발하면 몇 번이고 계속해서 하원을 해산했다.

국왕은 오랫동안 대표의 선출을 허가하지 않았다. 그러나 입법권이라는 것은 완전히 폐지할 수 없으므로 입법권은 결국 인민에게 돌아와 다시 행사되었지만, 그동안에 식민지는 내우외환의 온갖 위험에 직면하지 않을 수 없었다.

국왕은 식민지의 인구를 억제하는 데에도 힘을 썼다. 이를 위하여 외국인 귀화법에 반대했고 외국인의 이주를 장려하는 법률도 허가하지 않았으며 토지를 새로이 취득하는 데에도 여러 가지 조건을 붙여 까다롭게 했다.

국왕은 사법권을 수립하는 데 대한 법률을 허가하지 않음으로써 식민지의 일부 지역에서 사법행정이 완전히 멈추게 하는 고통을 주었다.

국왕은 판사의 임기, 봉급의 액수에 관해 오로지 국왕의 의사에만 따르도록 했다.

국왕은 우리 인민을 괴롭히고 인민의 재산을 축내기 위해 수많은 새로운 관직을 만들고 수많은 관리를 식민지에 보냈다.

국왕은 평화시에도 상비군과 전투함을 주둔시켰다.

국왕은 군부를 문민의 통제에서 독립시켜 우위에 놓으려 했다.

국왕은 다른 기관과 결탁하여 우리의 헌정이 인정하지 않고 우리의 법률이 승인하지 않은 사법권에 예속시키려 했고, 식민지에 대하여 입법권을 주장하는 영국 의회의 여러 법률을 허가했다. 즉,

대규모 군대를 우리 사이에 주둔시키고,

군대가 우리 주민을 살해해도 기만적인 재판을 통해 이들이 처벌받지 않도록 하고,

우리와 전세계의 무역을 차단하고,

우리의 동의 없이 세금을 부과하고,

수많은 사건에서 배심 재판을 받는 혜택을 박탈하고,

허구적인 범죄를 재판하기 위해 우리를 본국으로 소환하고,
우리의 특허장을 박탈하고 우리의 귀중한 법률을 철폐하고 우리의 정부 형태를 변경하고,

우리의 입법기관의 기능을 정지시키고, 어떠한 경우든 우리를 대신하여 법률을 제정할 수 있는 권한이 있다고 선언했다.

국왕은 우리를 그의 보호 밖에 둔다고 선언하고 우리에게 전쟁을 벌임으로써 식민지에 대한 통치를 포기했다.

국왕은 우리의 바다에서 약탈을 자행하고 우리의 해안을 습격하고 우리의 도시를 불사르고 우리 주민의 생명을 빼앗았다.

국왕은 가장 야만적인 시대에도 그 유례가 없고 문명국의 원수로는 도저히 어울리지 않는 잔학과 배신의 상황을 만들고, 이와 더불어 이미 착수한 죽음과 황폐와 포학의 과업을 완수하기 위하여 이 시간에도 외국 용병의 대부대를 수송하고 있다.

국왕은 변경의 주민에 대해서는 연령, 남녀, 신분의 여하를 막론하고 무차별로 살해하는 것이 전쟁의 규칙인 무자비한 인디언의 위협 아래 두려고 했다.

국왕은 우리 동료 시민 사이에서 재산의 몰수와 징발을 통해 반역의 내란을 선동했다.

국왕은 그를 공격한 적이 없는 먼 지역 사람들의 가장 신성한 권리인 생명과 자유의 권리를 침해하고, 이들을 사로잡아 지구 반대편의 노예로 만들고, 가는 도중에 불행한 죽음에 빠지게 함으로써 인간 본성 자체에 맞서는 야만적인 전쟁을 수행했다. 이단자의 권력이 수행한 이 해적질의 불명예스러운 전쟁은 대영제국의 기독교 왕이 수행한 전쟁이다. 인간을 사고 파는 시장을 열어두는 역할을 하는 이 비열한 상업 행위를 금지하거나 제한하는 어떤 입법 시도도 억누르기 위해 국왕은 거부권을 악용했다. 이 일단의 공포 자체는 고결한 죽음을 원치 않을지 모르지만, 국왕은 지금 바로 그런 죽음을 각오한 사람들이 우리 사이에서 무기를 들게 자극하고 있다. 자신들을 국왕에게서 넘겨받은 사람들을 살해함으로써 그들 스스로 [국왕에게] 빼앗긴 자유를 쟁취하도록 자극하고 있다. 따라서 한 민족의 자유에 대해 저지른 범죄의 대가를 치르기 위해 국왕은 그들에게 다른 민족의 생명을 침해하라며 또 다른 범죄를 저지르고 있는 셈이다.

이러한 탄압을 받을 때마다 우리는 겸손한 언사로 시정을 탄원했다. 그러나 여러 차례의 진정에 대하여 돌아온 것은 여러 차례의 박해에 지나지 않았다. 이와 같이 모든 행동에서 그 성격이 폭군이라는 정의를 내리지 않을 수 없는 국왕은 자유로운 인민의 통치자로서 적합하지 않다. 장래의 세대는 한 민족에 대해 12년이라는 짧은 시간 동안 가면도 없이 수많은 폭군의 모습으로 행동한 한 사람의 뻔뻔함이 자유의 원칙을 촉진하고 여기에 관심을 쏟게 했다는 것을 믿기 힘들 것이다.

우리는 또한 영국의 형제들에게도 주의를 환기시키는 데 부족함이 없었다. 우리는 영국 의회가 우리나라들을 억압하기 위해 부당한 사법권을 넓히려고 하는 데 대해서도 수시로 경고했다. 우리는 우리가 아메리카로 이주하여 식민을 하게 된 제반 사정을 다시 한번 상기시켰는데, 그런 사정 가운데 어떠한 것도 권리를 보장하는 것이 없었다. 이것은 대영제국의 부와 힘에 전혀 도움을 받지 않고 오직 우리의 피와 재화로써 이룬 것이었다. 우리는 몇몇 정부 형태를 구성할 때 한 사람의 평범한 왕을 두었고, 이로써 정부들 사이의 영구적인 동맹과 우호를 위한 기초를 놓았다. 그러나 영국 의회에 대한 복속은 우리 헌정의 일부가 아니었으며, 역사를 믿는다면 생각조차 할 수 없는 일이었다. 그리고 우리는 그들의 타고난 정의감과 아량에도 호소한 바 있으며, 같이 피를 나누고 있다는 것에 호소하여 우리와의 연결과 결합을 결국에는 단절시키는 것이 불가피한 이러한 탄압을 거부해줄 것을 탄원하기도 했다. 그러나 이들 또한 정의와 혈연의 소리에 귀를 기울이지 않았으며, 법률의 정상적인 절차에 따라 그들의 의회에서 우리의 조화를 깨뜨리는 사람들을 제거할 수 있는 기회가 있었을 때 그들은 자유선거를 통해 그들에게 다시금 권한을 부여했다. 그리고 바로 이때 그들은 그들의 최고 통치자가 우리를 유혈침공하기 위해 같은 피를 나눈 병사들뿐만 아니라 스코틀랜드와 기타 외국 용병을 보내는 것을 허용하고 있다. 이러한 사실은 최후의 일격을 가하는 고통이며, 이 무감각한 형제들과 영원히 절연하는 것이 마땅한 일이다. 우리는 영국인과 나눈 예전의 사랑을 잊어야 하며, 세계의 다른 국민에게 대하듯이 영국인에 대해서도 전시에는 적으로 평화시에는 친구로 대해야 한다. 우리는 하나의 자유롭고 위대한 민족일 수 있었다. 그렇지만 이제 그들과는 위엄 있고 자유로운 의사소통이 불가능한 것으로 보인다. 그들이 앞으로도 그렇다면 할 수 없는 일이다. 행복과 영광으로 가는 길은 우리 모두에게도 열려 있다. 우리는 그들과 떨어져 그 길을 갈 것이며, 우리의 영원한 분리를 고발할 필요성을 묵묵히 받아들일 것이다.

이에 아메리카 연합 주의 대표들은 전체 회의를 통해 이 식민지의 선량한 인민의 이름과 그 권한으로 대영제국의 왕권과 그 후계자들, 왕권 아래 있는 기타 사람에 대한 모든 충성과 종속을 거부하고 포기한다. 우리는 이제부터 우리와 대영제국 인민 혹은 의회 사이에 있는 모든 정치적 관계를 해체하고 중단한다. 끝으로 우리는 이 식민지들이 전쟁을 수행하고 동맹을 맺고 통상 관계를 수립하며 모든 독립 국가가 그러하듯이 모든 행위를 할 수 있는 권리를 가진 자유롭고 독립된 나라임을 주장하고 선언한다. 이에 우리는 우리의 생명과 재산과 신성한 명예를 걸고 이 선언을 지지할 것을 굳게 맹세하는 바이다.

독립 선언서의 인명록

이름	대표하는 주	출생지	선언당시 나이	직업	생몰년
게리, 엘브리지	매사추세츠	매사추세츠 마블헤드	32	상인	1744~1814
그위넷, 버튼	조지아	영국 글로체스터	41	상인/농장소유주	1735?~1777
넬슨 2세, 토머스	버지니아	버지니아 요크타운	37	상인/농장소유주	1738~1789
러시, 벤저민	펜실베이니아	펜실베이니아 필라델피아	30	외과의사	1746~1813
러틀리지, 에드워드	사우스캐롤라이나	사우스캐롤라이나 크라이스트처치	26	변호사/농장소유주	1749~1800
로드니, 시저	델라웨어	델라웨어 토버	47	농장소유주/군인	1728~1784
로스, 조지	펜실베이니아	델라웨어 뉴캐슬	46	변호사	1730~1779
루이스, 프랜시스	뉴욕	웨일즈 란다프	63	상인	1713~1802
리, 리처드 헨리	버지니아	버지니아 스트랫퍼드	44	농장소유주/상인	1732~1794
리, 프랜시스 라이트풋	버지니아	버지니아 마운트프레젠트	41	농장소유주	1734~1797
리드, 조지	델라웨어	메릴랜드 노스이스트	42	변호사	1733~1798
리빙스턴, 필립	뉴욕	뉴욕 올버니	60	상인	1716~1778
린치 2세, 토머스	사우스캐롤라이나	사우스캐롤라이나 프린스조지스	26	변호사	1749~1779?
매킨, 토머스	델라웨어	사우스캐롤라이나 체스터	42	변호사	1735~1817
모리스, 로버트	펜실베이니아	영국 리버풀	42	상인/토지투기가	1734~1806
모리스, 루이스	뉴욕	뉴욕 웨스트체스터	50	농장소유주	1726~1798
모턴, 존	펜실베이니아	펜실베이니아 리들리타운쉽	52	농부	1724?~1777?
미들턴, 아서	사우스캐롤라이나	사우스캐롤라이나 찰스턴	34	농장소유주	1742~1787
바틀릿, 조사이	뉴햄프셔	매사추세츠 에임즈베리	46	외과의사	1729~1795
브랙스턴, 카터	버지니아	버지니아 뉴잉턴	39	농장소유주	1736~1797
셔먼, 로저	코네티컷	매사추세츠 뉴턴	55	변호사	1721~1793
손턴, 매튜	뉴햄프셔	아일랜드	62	외과의사	1714?~1803
스미스, 제임스	펜실베이니아	북아일랜드	57	변호사	1719?~1806
스톡턴, 리처드	뉴저지	뉴저지 프린스턴	45	변호사	1730~1781
스톤, 토머스	메릴랜드	메릴랜드 찰스	33	변호사	1743?~1787
애덤스, 새뮤얼	매사추세츠	매사추세츠 보스턴	53	상인	1722~1803
애덤스, 존	매사추세츠	매사추세츠 퀸시	40	변호사	1735~1826
엘러리, 윌리엄	로드아일랜드	로드아일랜드 뉴포트	48	변호사/상인	1727~1820

이름	대표하는 주	출생지	선언당시 나이	직업	생몰년
월컷, 올리버	코네티컷	코네티컷 윈저	49	변호사	1726~1797
월튼, 조지	조지아	버지니아 컴벌랜드	35	변호사	1741?~1804
위더스푼, 존	뉴저지	스코틀랜드 기퍼드	53	목사	1723~1794
위스, 조지	버지니아	버지니아 엘리자베스시티	50	변호사	1726?~1806
윌리엄스, 윌리엄	코네티컷	코네티컷 레바논	45	상인	1731~1811
윌슨, 제임스	펜실베이니아	스코틀랜드 카스케도	33	변호사	1742~1798
제퍼슨, 토머스	버지니아	버지니아 앨버말	33	변호사/과학자	1743~1826
체이스, 새뮤얼	메릴랜드	메릴랜드 서머싯	35	변호사	1741~1811
캐럴, 찰스	메릴랜드	메릴랜드 아나폴리스	38	상인/농장소유주	1737~1832
클라크, 에이브러햄	뉴저지	뉴저지 엘리자베스타운	50	변호사/측량사	1726~1794
클라이머, 조지	펜실베이니아	펜실베이니아 필라델피아	37	상인	1739~1813
테일러, 조지	펜실베이니아	아일랜드	60	상인	1716?~1781
파카, 윌리엄	메릴랜드	메릴랜드 애빙턴	35	변호사/농장소유주	1740~1799
페인, 로버트 트리트	매사추세츠	매사추세츠 보스턴	45	변호사/과학자	1731~1814
펜, 존	노스캐롤라이나	버지니아 캐롤라이나	36	변호사	1740~1788
프랭클린, 벤저민	펜실베이니아	매사추세츠 보스턴	70	과학자/인쇄업자	1706~1790
플로이드, 윌리엄	뉴저지	뉴욕 브룩헤이븐	41	토지 투기가	1734~1821
하트, 존	뉴저지	뉴저지 헌터던	65	토지 소유자	1711?~1779
해리슨, 벤저민	버지니아	버지니아 찰스시티	50	농장소유주/농부	1726~1791
핸콕, 존	매사추세츠	매사추세츠 퀸시	40	상인	1737~1793
헌팅턴, 새뮤얼	코네티컷	코네티컷 윈드햄	45	변호사	1731~1796
헤이워드 2세, 토머스	사우스캐롤라이나	사우스캐롤라이나 세인트헬레나	30	변호사/농장소유주	1746~1809
홀, 라이먼	조지아	코네티컷 월링포드	52	외과의사/목사	1724~1790
홉킨스, 스티븐	로드아일랜드	로드아일랜드 프로비던스	69	상인	1707~1785
홉킨슨, 프랜시스	뉴저지	펜실베이니아 필라델피아	38	변호사/음악가	1737~1791
후퍼, 윌리엄	노스캐롤라이나	매사추세츠 보스턴	34	변호사	1742~1790
휘플, 윌리엄	뉴햄프셔	메인 키터리	46	상인	1730~1785
휴즈, 조셉	노스캐롤라이나	뉴저지 킹스턴	46	상인	1730~1779

(가나다 순)

출처 : 미 국립문서 기록보관청

독립 선언서에 대해 더 알고 싶다면

더 읽을 만한 책

정경희, 『미국을 만든 사상들』, 살림, 2004.
미국 건국 과정에서 나타난 '자유주의 대 공화주의', '연방주의 대 반연방주의'
라는 사상의 대결과 그 형성배경을 고찰하고 있다.

리처드 솅크먼, 이종인 옮김, 『미국사의 전설, 거짓말, 날조된 신화들』, 미래M&B, 2003.
아메리카 발견의 역사를 시작으로 미국사의 진실을 추적하고, 건국의 아버지들
과 대통령들에 관한 날조된 사실들을 폭로하고 있다.

차상철 외, 『미국외교사』, 비봉출판사, 1999.
미국외교사의 기본 성격을 '팽창주의'로 요약하여 미국혁명기에서 제2차 세계
대전까지의 미국 대외관계사를 정리하고 있다.

알렉시스 드 토크빌, 박지동 · 임효선 옮김, 『미국의 민주주의 1, 2』, 한길사, 2002.
민주주의의 위험을 시민들의 자발적인 포기로 인한 '민주적 전제'로 규정하고,
미국 민주주의의 다양한 제도에 이러한 위험을 '민주적인 방법'으로 극복할 수
있는 요소가 있음을 밝히고 있다.

로버트 달, 박상훈 · 박수형 옮김, 『미국헌법과 민주주의』, 후마니타스, 2004.
미국의 헌정체제를 비판적으로 검토하여 미국 헌법의 비민주적인 요소와 헌법
이 만들어질 당시의 시대적인 한계를 드러낸다.

버나드 베일린, 배영수 옮김, 『미국혁명의 이데올로기적 기원』, 새물결, 1999.
미국혁명 전후에 간행된 400여 권의 소책자를 실증하여 미국혁명의 이데올로
기적 토대를 밝혀내고 있다.

토머스 페인, 박홍규 옮김, 『상식 · 인권』, 필맥, 2004.
토머스 페인의 『상식』 완역본이다. 이 팸플릿은 미국 독립의 정당성을 평이한
언어로 서술하여 그 대의가 많은 지지를 얻는 데 공헌하였다.

에릭 홉스봄, 김동택 외 옮김, 『저항과 반역 그리고 재즈』, 영림카디널, 2003.
구두 수선공, 농민 등의 평범한 사람들이 일구어낸 역사를 고찰한 책으로 1장
에서 토머스 페인의 급진주의를 소개하고 있다.

Fehrenback, T. R., *Greatness to Spare:The heroic scrifices of the men who signed
the Declaration of Independence*, Princeton, N.J.:Van Nostrand & Co., 1968.
56명의 독립 선언서 서명자들이 서명 후 1782년까지 어떠한 고초를 겪었는지
소개하고 있다.

Ferling, John, *Setting the World Ablaze:Washington, Adams, Jefferson, and the
American Revolution*, Oxford and New York:Oxford University Press, 2000.
미국 건국에 가장 많이 이바지한 조지 워싱턴, 존 애덤스, 토머스 제퍼슨이 어
린 시절부터 품기 시작한 국가에 대한 열망과 투쟁을 새롭게 조명하고 있다.

Maier, Pauline, *American Scripture : Making the Declaration of Indepen-dence*,
New York:Alfred A. Knopf, 1998.
독립 선언서가 만들어지는 과정을 소개하고 그 문서가 다른 모든 문서의 기초
가 될 수밖에 없는 이유를 분석하고 있다.

Morgan, Edmund, *Benjamin Franklin*, New Haven : Yale University Press, 2002.
벤저민 프랭클린의 삶과 사상을 외교관이자 정치가로서의 면모에 초점을 두고
살펴보고 어떻게 미국인의 정신에 기초를 놓았는지 분석하고 있다.

Morison, Samuel Eliot, Henry S. Commager, and William E. Leuchtenburg, *The
Growth of the American Republic*, New York : Oxford University Press, 1980.
격동의 미국사를 정치적 성장이라는 관점에서 설명하고 있다.

Wills, Garry, *Inventing America : Jefferson's Declaration of Independence*, New
York:Doubleday & Co., 1978.
제퍼슨의 독립 선언서 초안이 어떤 영향을 받아 완성되었는지 소개하고, 그의
초안과 대륙회의의 완성본을 비교하여 분석하고 있다.

Wood, Gordon S., *The American Revolution : A History*, New York : Modern Library, 2002.
지도와 그림 등의 자료를 첨부하여 미국혁명의 역사를 요약하고 그것을 둘러싼 이념, 연방헌법의 탄생을 소개하고 있다.

가볼 만한 사이트

www.americanhistory.or.kr 한국미국사학회
미국사와 관련된 방대한 자료를 다루고 있는 국내 사이트이다. 미국의 역사와 정부 관련 자료, 세부 지도 등의 자료를 담고 있다.

www.colonialhall.com 식민지 시기 기념관 웹 사이트
독립 선언서의 내용을 소개하고 독립 선언서, 연방헌법 등의 서명자와 그 일화를 소개하고 있다.

www.cr.nps.gov 국립 공원의 역사 관련 링크
미국의 역사 건물, 여성과 흑인, 지역, 철도 등의 방대한 역사 관련 자료를 링크하고 있다.

www.historychannel.com 히스토리 채널
미국사를 중심으로 세계사와 관련한 다양한 영상 자료를 소개하고 있다.

www.pbs.org/Jefferson 토머스 제퍼슨 : 켄 번스의 영화
독립 선언서의 저자 토머스 제퍼슨을 영화화하였다.

www.ushistory.org 독립 기념관 협회
독립 기념관 협회의 공식 웹사이트로 벤저민 프랭클린과 자유의 종, 백악관과 필라델피아의 역사, 독립 전쟁사 등을 다루고 있다.

찾아보기

그림 출처

Bridgeman Art Library, London Birmingham Museum and Art Gallery : p.54. Townley Hall Art Gallery and Museum, Burnley : p.55. Roger-Viollet : p.72. Visual Arts Library, London : p.110(우).

Cameron Collection pp.23, 26, 92, 93.

Corbis Ted Spiegel : p.10. Dave G. Houser : p.24. Scott T. Smith : pp.33, 41. Marc Muench : p.42. Dave Bartruff : p.69. Kevin Fleming : p.71. Minnesota Historical Society : p.89. Burstein Collection : p.108. Archivo Iconografico : p.110(좌). Asian Art and Architacture : p.112. Craig Lovell : p.122. Corcoran Gallery : p.132. Richard Cummins : pp.136, 141. Flip Schulke : p.143. David H. Wells : p.147.

Corbis / Bettmann Archive pp.9, 31, 57, 82, 87, 90, 114, 121, 124.

Library of Congress Prints and Photographs Division pp.15, 16, 20, 25, 28, 29, 35, 39, 56, 59, 60, 61, 67, 70, 74, 100, 101, 108, 111, 116, 126, 128, 129, 130, 133, 134, 139.

세계를 뒤흔든 독립 선언서

초판 1쇄 인쇄 __ 2005년 2월 18일
초판 1쇄 발행 __ 2005년 2월 28일

지은이 __ 스테파니 슈워츠 드라이버
옮긴이 __ 안효상

펴낸이 __ 유재건
주 간 __ 김현경
편 집 __ 이재원, 주승일, 이아진, 박순기
마케팅 __ 노수준, 김은경
제 작 __ 유재영

펴낸곳 __ 도서출판 그린비 · 등록번호 제10-425호
주 소 __ 서울시 마포구 신수동 115-10
전 화 __ 702-2717 · 702-4791
팩 스 __ 703-0272
E-mail __ editor@greenbee.co.kr

책값은 뒤표지에 있습니다.
Korean Translation Copyright © 2005 by Greenbee Publishing Company.
잘못 만들어진 책은 구입하신 서점에서 바꿔드립니다.
ISBN 89-7682-945-X 89-7682-943-3(세트)